百姓法律顾问丛书 04

# 医疗纠纷

总 主 编　王庆新
执行主编　钟　鉴

中国检察出版社

# 编者的话

当今的中国是法治社会，法律已经融入人们日常的工作生活中。我们每一个人都期盼事业发达、家庭和睦、邻里和谐……这就需要了解一些法律知识，以便能更好地避免和化解纠纷，尊重他人和维护自己的合法权益。中国检察出版社一直致力于法律通俗类图书的选题策划与出版，2001 年以来我社曾推出过多套普法类丛书，其中的《法律帮助一点通》系列，陆续出版了 40 多个分册，受到了广大读者的热烈欢迎，有多个品种入选“农家书屋”工程，有些分册销量达到十万余册，实现了我们服务基层、普及法律的出版目的。

十年间，经济发展了，社会进步了，许多新的法律问题出现了，同时也有许多法律颁布、修订了，为了给读者提供最新、最准确的法律帮助，我社在汲取以往图书经验教训的基础上推出了本套丛书——《百姓法律顾问丛书》。本套丛书既可以让你全面地了解你的权利，防范法律纠纷的产生；又可以让你清楚地知道维权途径，理智地进行维权斗争。简单地说，增加你的法律知识，拓展你的法律思维是我们出版本套丛书的主要目的。本套丛书秉承通俗易懂、方便实用的原则，采用问答的方式，用简单明了的语言指出了纠纷解决的方法和途径；突出了“新、专、全”的特点：“新”——以最新修订颁布的法律法规为依据，“专”——针对最常见而又非常棘手的法律问题，提出了专业的法律解决方案，“全”——围绕相关法律纠纷，全面阐述了责任认定、证据收集以及诉讼程序等维权依据。内容实用、专业、全面。

我们衷心希望本套丛书的出版能为读者提供切实可行的法律帮助。

中国检察出版社

2012年1月

# 目　　录

## 五、非法行医与医疗犯罪的刑事责任 …… 140

# 一、医疗纠纷的基本常识

## （一）医疗纠纷的认定

### 1. 什么是医疗纠纷？

医疗纠纷是指基于医疗行为，在医方（医疗机构）与患方（患者或者患者近亲属）之间产生的医疗过错、过失、侵权等赔偿纠纷。

医疗纠纷通常是由医疗过错和医疗过失引起的。医疗过失是指医务人员在诊疗护理过程中所存在的失误。医疗过错是指医务人员在诊疗护理过程中所存在的过错。这些过错往往导致病人的不满意或造成对病人的伤害，从而引起医疗纠纷。

除了由于医疗过错和医疗过失引起的医疗纠纷外，有时，医方在医疗活动中并没有任何疏忽和失误，仅仅是由于患者单方面的不满意，也会引起纠纷。这类纠纷可能是因患者缺乏基本的医学知识，对正确的医疗处理、疾病的自然转归和难以避免的并发症以及医疗中的意外事故不理解而引起的，也可能是由于其他非诊疗护理因素而导致的纠纷，如患者就诊时，医护人员态度生硬、医院收费不合理、医院或其医务人员侵犯病人的隐私权等情形。

### 2. 哪些情形可以诱发医疗纠纷？

实践中能够诱发医疗纠纷的情况很多，下面介绍几种常见的容易诱发医疗纠纷的情况：

（1）症状较轻而误诊，影响治疗。这是目前较为普遍的一种纠纷原因。患者及其家属自觉病情不重，但经过短时间诊治发生死亡或严重残疾的后果，对病情的转归不理解而产生诉讼。主要问题是部分医务人员责任心不强，技术水平差，导致患者病情加重或死亡而引起诉讼。

（2）治疗及药品收费不合理。有的医院为了增加收入，鼓励医务人员创收，通过多开检查项目，开大处方，开好药、贵药，造成患者不必要的经济开支。如一位胆囊结石的患者，本来作一下 B 超就能确认，可医生为了拿提成，让病人既作 B 超，又作 CT 检查。这样，既平白增加患者的经济负担，又有可能损害病人的身体。

（3）对患者的精神损害较大。与技术原因所致的医疗纠纷不同，这种情况主要是由于医德医风问题引起的医疗纠纷。患方打这种官司的目的，往往并不是为了钱，而主要是为了“出口气”。其特点是，医方对患方身体上的伤害往往并不大，经鉴定多数不是事故，但是由于医方的行为使患方精神上受到了一定程度的伤害，例如，本来是做节育环取出手术，医生告诉病人已经将节育环取出，但实际上没有取出，导致病人数年未能怀孕，给其精神上造成极大的损害，从而提出损害赔偿。

（4）患者对医疗事故鉴定产生怀疑。医疗事故鉴定对患者的“疑虑”不明确，鉴定结论往往避重就轻，回避矛盾，甚至隐瞒真相，虚假鉴定，造成鉴定的公信力下降。

## 3. 医疗事故和医疗纠纷是一回事吗？

很多人有这样一种思维定式：只要患者和医院发生了纠纷就是医疗事故。其实，这是不对的。

许多医疗纠纷是由于患方（患者或其家属）怀疑不良医疗后果是医疗机构及其医务人员出现医疗过错或医疗事故引起，因此，有人又称之为医疗事故争议。医疗纠纷和医疗事故争议，都意味着纠纷与争议涉及的医疗事实的性质还未弄清楚。患者的不良医疗后果可能是医疗事故，或者说是医疗机构及其医务人员在医疗活动中存在医疗过错或失误引起的；但也有可能是患者还不了解的非医疗过失原因，如患者自身疾病自然发展和恶化的结果引起的。因为对不良医疗后果发生的原因医患双方认识不一致而导致医疗纠纷或医疗事故争议。显然，医疗纠纷或医疗事故争议与医疗事故的概念是截然不同的。即使医疗纠纷或医疗事故争议的根本原因是由于医务人员的诊疗护理过失引起，其实质是医疗事故，但由于患方并没有提出异议而没有发生纠纷或争议，而是通过协商调解而处理了，最后不需要通过卫生行政部门或司法机关介入处理时，都不属于医疗纠纷或医疗事故争议。因而，医疗纠纷或医疗事故争议的范畴要比医疗事故大得多，前者包含了后者。医疗纠纷大致可以分为两类：一类是医疗事故纠纷，另一类是其他医疗纠纷。可见，医疗事故不等于医疗纠纷，而只是医疗纠纷中的一部分。

医疗事故纠纷指医患双方就具体医疗事件是否构成事故、应否赔偿、怎样赔偿产生的纠纷。处理医疗事故纠纷适用的主要法律依据是国务院 2002 年 4 月 4 日颁布的《医疗事故处理条例》的相关规定。

其他医疗纠纷包括经过医疗事故鉴定不属于医疗事故的医疗纠纷、不申请医疗事故鉴定的医疗纠纷、医学会不予鉴定的医疗纠纷。处理其他医疗纠纷适用的主要法律依据是《民法通则》及最高人民法院《关于审理人身损害赔偿案件适用法律若干问题的解释》及《关于贯彻执行〈中华人民共和国民法通则〉若干问题的意见（试行）》等。

## 4. 什么是医疗事故?

按照《医疗事故处理条例》第2条规定，医疗事故是指医疗机构及其医务人员在医疗活动中，违反医疗卫生管理法律、行政法规、部门规章和诊疗护理规范、常规，过失造成患者人身损害的事故。

医疗事故具有以下几个组成要点：(1) 医疗事故的医方当事人必须是具有合法行医资格的医疗机构及其医务人员；(2) 患者必须要有确实的人身损害后果；(3) 患者的人身损害后果要发生在医务人员的医疗活动中；(4) 医务人员在医疗活动要有违反医疗卫生管理法律、行政法规、部门规章和诊疗护理规范、常规的事实；(5) 医疗事故的法律性质是过失，即医务人员的上述违反规定的行为是非故意的过失，不是故意的行为；(6) 医务人员的上述违反规定的行为与患者的人身损害之间具有因果关系。

## 5. 构成医疗事故需要符合哪些条件?

构成医疗事故需要满足以下几个条件：

其一，医疗事故的主体是医疗机构及其医务人员。这里所说的医疗机构，是指按照国务院1994年2月发布的《医疗机构管理条例》(以下简称《条例》)，经过卫生行政部门审查合格并取得《医疗机构执业许可证》的机构。无论其是国家、集体、私有或个体的，也无论它是医院、疗养院、职业病防治所、妇幼保健院、卫生院、卫生站或者个体诊所等。

这里所指的医务人员，是指依法取得执业资格、具有职业(医生、护士等)资格证书，并必须在医疗机构（包括个体诊所）执业的人员。按国家卫生部规定，医务人员按业务性质可分为四类：(1) 医疗防疫人员，包括中医、西医、卫生防疫、地方病及特种病防治、工业卫生、妇幼保健等技术人员；（2）药剂人员，包括中药、西药技术人员；（3）护理人员，包括护师、护士、护理员；（4）其他技术人员，包括检验、理疗、病理、口腔、同位素、放射、营养等技术人员。除此之外，因为诊疗护理工作是一种群体性的活动，构成医疗事故的行为人，还应包括从事医疗管理、后勤服务等人员。虽然他们不是直接参与诊疗护理工作，但其过失行为可以间接产生不良医疗后果。当然，实际医疗事故的行为人绝大数是上述四类专业卫生技术人员。

不具备这些资格的机构或者个人如果从事诊疗活动，就是非法行医。由于他们医疗过错导致的患者不良医疗后果，虽然也属于医疗纠纷的范畴，但是，按照《条例》的规定不属于医疗事故，不属于卫生行政部门和《条例》管辖的范围，不接受医疗事故或医疗事故争议的技术鉴定。即使具有正当执业资格的医务人员，如果在非正常工作时，无论是主动或被动地对患者进行医疗活动，并且以获利为目的，也可以被认为是非法行医。此外，如果患者确实由于医务人员的医疗过错发生了不良医疗后果，双方发生认识分歧和医疗事故争议，也不构成医疗事故，但也可认为是医疗纠纷的一种形式。

其二，医务人员必须要有医疗过失行为。其中绝大多数是医务人员的诊疗护理过失，但也可能是医疗机构管理上的失误。产生医疗事故的医疗过失行为必须是非故意的或意外的。这种过失包括疏忽大意的过失和过于自信的过失。（1）疏忽大意的过失，指按照责任医疗机构的规模、等级、设备技术条件，以及其医务人员的职称、岗位责任应该具备的诊疗水平要求，应当预见到和可以预见到自己的行为可能对患者造成危害，由于其疏忽大意未能预见到；或对于危害患者生命、健康的不当做法，应当做到有效的防范，但由于其疏忽大意而未能预见到，而出现了患者的不良医疗后果。（2）过于自信的过失，指行为人虽然能够或者已经预见到自己的行为可能给患者造成的危害后果，但由于轻信自己的技术、经验或有利的客观条件，或因判断或行为上的失误致使不良医疗后果发生。如果不是上述非故意和意外的原因，而是借医疗行为的便利，故意造成患者的人身损害，则是故意杀人或故意伤害的刑事犯罪行为，将按照《刑法》、《刑事诉讼法》，由司法机关管辖和处理。这种情况也就不再属于医疗事故的范畴，不属于卫生部门和《条例》管辖和处理的范围，这些将在本书第五部分“非法行医与医疗犯罪的刑事责任”中重点为您详细解答。

其三，诊疗过失行为必须同时具有违法性和危害性。

（1）违法性：指诊疗过失行为违反了有关的医疗卫生管理法律、行政法规、部门规章和诊疗护理规范、常规。这些法律法规必须是国家和地方制定并公布要求执行的。目前我国有许多这样的法律法规，其中主要有《中华人民共和国民法通则》、《中华人民共和国民事诉讼法》、《医疗事故处理条例》、《中华人民共和国执业医师法》、《医疗机构管理条例》、《中华人民共和国护士管理办法》、《中华人民共和国传染病防治法》、《中华人民共和国药品管理法》、最高人民法院《关于民事诉讼证据的若干规定》等。还包括卫生部制定的《医院工作制度》、《医疗事故技术鉴定暂行办法》、《医疗机构病历管理规定》等部门规章，以及公开出版发行、供有关医务人员学习和执行的专门性或者权威性医学文献、医学专业教科书上载明的医学各科的诊疗护理规范、常规；也包含长期以来卫生医疗部门约定俗成、或者众所周知的一般常识性要求，如手术和注射部位的消毒、住院治疗病人定时分次给予口服药物、医师和护士值巡视制度等。

（2）危害性：指其诊疗过失行为造成了患者的人身损害或不良医疗后果，如造成患者死亡、残疾、组织器官损伤导致的功能障碍。《条例》扩大了以往医疗事故的范围，把过去认为是医疗过错的患者的一般性人身伤害也包括在医疗事故损害的范畴。这样规定的目的是为了扩大患者获得医疗赔偿的范围。这里所说的伤害是指患者由于医务人员的医疗过错行为产生的身体损害。虽然患方由于医疗事故产生的精神损害，可以作为最后经济补偿的内容计算，但是，在判断是否是医疗事故时，一般不包括精神损害以及其他非人身的损害。

对患者的这些人身损害，显然应该是已经通过或者能通过现有医疗诊断技术确认的、具有一定程度而且客观存在的患者身体的实质性损害。而不是显著轻微，对患者的生活、工作和劳动无关紧要的，或者纯粹是患者自己主观感觉或想象出来的损害。

所谓残疾，指在治疗终结后，伤者全部或部分劳动能力的永久丧失。残疾的确认和分级应按国家有关评定标准鉴定。如果以医疗事故要求卫生行政部门行政处理或者以同样的案由人民法院起诉，则会按照2002年9月1日起施行的《医疗事故分级标准(试行)》评定伤残等级，一级乙等医疗事故到三级戊等医疗事故对应的伤残等级为一至十级。

其四，患者的人身损害与诊疗过失行为之间必须有因果关系。

这是确定医疗事故的必要条件之一。患者人身损害与医疗机构及其医务人员的医疗过失行为之间因果关系的成立，必须首先确认患者的人身损害后果确实发生在在医疗机构就诊、医务人员对其实施诊疗活动以后。患者的人身损害后果与诊疗过失行为之间的因果关系的判断和认定，不能只简单地从表面上看其发生的时间先后，而应该从患者人身损害后果的发生、发展经过的客观事实，依据有关的病理学理论，有科学根据地客观分析与判断。实际生活中不少医疗事故争议的发生，都是由于不理解因果关系判断的原则而引起的。

## 6. 误诊一定构成医疗事故吗？

从字面上理解，误诊就是错误的诊断。误诊是指医生在临床医疗工作中因主观或客观因素的影响作出了不符合或不完全符合病情的结论，即医生在认识疾病过程中期望认识其本质而实际与疾病的本质发生了偏离的现象。一旦医疗机构出现误诊，有些患者就当然地认为医疗机构已构成医疗事故。事实并非如此，误诊在临床医疗中有时是不可避免的，只有违反医疗常规与规范的误诊才有可能构成医疗事故。

## 7. 何种情形下的误诊才应承担法律责任？承担何种责任？

客观上讲，基于病理的高度复杂性，医院的误诊是正常现象，如果凡是误诊造成人身损害或精神损害，就让医院无条件承担赔偿责任，即医疗风险完全让医院承担，显然是不合理的。误诊是否应当承担责任呢？不能简单地作出是或否的回答。临床误诊的性质不同，涉及的法律责任也不同。从过错原则上看，无过错的误诊不承担法律责任，有过错的误诊要承担以下几种法律责任：

一是医疗事故责任。按照《医疗事故处理条例》规定，医疗活动中存在过失，即违反了医疗卫生管理法律、行政法规、部门规章和诊疗护理规范、常规，造成患者人身损害的不良后果，损害程度必须达到《医疗事故处理条件》规定的医疗事故等级，以及卫生部《医疗事故分级标准（试行）》的规定要求，且过失行为与不良后果之间存在因果关系时，即构成医疗事故，应当承担医疗事故责任。

二是民事法律责任。人民法院在审理医疗纠纷案件时，对不构成医疗事故，但经审理能够认定医疗机构存在过错的误诊行为，符合民事侵权构成要件的，应当依照《民法通则》确定医疗机构承担责任。

对技术性误诊，无论给患者造成何种程度的损害，都要由医疗机构承担民事责任。根据误诊给病人带来的损害，医院应赔偿患者因误诊误治增加的医疗费、交通费，根据不同情况赔偿病人因营养支持从而支出的营养费，因误诊误治产生的误工费，如侵权后果严重，还要承担适当的精神抚慰金等。

三是刑事责任。我国《刑法》第335条规定，“医务人员由于严重不负责任，造成就诊人死亡或者严重损害就诊人身体健康的，处三年以下有期徒刑或者拘役”。

## 8. 误诊纠纷中如何衡量医院是否存在过错?

在审判实践中，医院是否存在过错应从以下几个方面进行判断:

(1) 是否具备准确诊断的条件，如病人是否能清楚、完整地陈述病情，诊断所依据的其他客观性资料是否完备，特别是各种检查报告是否及时产生，病情是否稳定等。

(2) 考察具体的诊断、治疗过程。考察医疗机构在诊断前问诊是否全面，有无进行必要的辅助检查；在初步诊断后对病情变化是否密切观察，有无根据病情的发展、症状的表现和变化来修正自己的诊断；是不是存在过分自信的情况，对疑难、不典型的病状，不经会诊、讨论就盲目下结论。总体而言，就是以客观标准考察医生诊断时的心理状态，考察其有无尽到谨慎的注意义务。

(3) 由于医院的等级及所处的地域间发展不平衡，医疗水平和条件参差不齐，对于诊断的辅助手段也受到各种因素的制约。因此，往往级别越高的医院整体的设施及技术力量等越先进，医疗水平就越高，因而诊断能力就越强。

总言之，判断医疗机构是否存在过错，关键就是审查医患双方就医院履行义务“当”与“不当”。如果医院履行义务“不当”，即有过错，就应承担民事法律责任。

医疗机构的过失行为与损害结果之间有因果关系是医疗机构承担责任的必要条件。

根据民法理论，医疗行为引起的侵权民事责任的构成要件有四：(1) 损害事实；(2) 行为违反法律；(3) 违法行为与损害后果有因果关系；(4) 行为人有过错。同时具备以上四个条件，行为人才承担此侵权的民事责任，所以，违法行为与损害后果因果关系的有无，是行为人是否承担民事责任的前提。如果没有损害结果的发生或损害结果的发生和医疗机构的误诊没有因果关系，则不承担法律责任。

医疗机构有过错的误诊导致误治，增加和延长了病人的痛苦和经济负担，造成了患者暂时性机体结构破坏或延误医疗时机造成患者功能障碍、残疾、死亡的，应当承担民事责任。由于疾病的共性、药性作用的复杂性，一些虽有过错的误诊没有导致误治，患者没有损害后果，医疗机构就不应当承担民事责任。

## 9. 什么是非医源性医疗纠纷？

非医源性医疗纠纷，指不存在诊疗护理、医疗管理等医疗过失的前提下，由于患者或其家属缺乏医学常识，对医院的有关规章制度不理解或其他因素引起的医疗纠纷。有人又称其为无医疗过失纠纷。非医源性医疗纠纷多见于疾病急剧恶化而发生出人意料的猝死，或因病情特殊、复杂而产生的不良医疗后果，或由于患者体质特殊而出现难以预料的并发症或医疗意外，也包括由于患者或其家属不配合治疗，不遵守医嘱而发生的不良后果，甚至由于患者或其家属受赔偿心理支配或社会不良因素的影响，而与医务人员发生的医疗纠纷等。显然，这些医疗纠纷不属于医疗事故。

## 10. 什么是疾病恶化的自然转归？疾病恶化的自然转归是否可以不赔？

现代医学已经取得了很大的发展，不少过去认为不能诊治的疾病现在能够诊治，从而挽救了不少患者的生命和健康。然而，直至今天，仍然有一些疾病尚未被人们彻底认识，缺乏早期的诊断方法和治疗手段；有些疾病虽然能被诊治，但由于患者方面这样那样的原因，未能及时就诊，或就诊时症状和体征没有表现出来，或虽有表现但不典型；或者有些疾病的病情特别复杂或十分罕见而未被正确诊治；或者有些疾病发展特别迅速，还未来得及做必要的检查，未能确认和采取必要的针对性治疗措施，就急剧地发生了死亡；或者有些疾病，目前还缺乏有效的诊断手段或治疗措施（如某些恶性度很高的癌症、肉瘤、白血病等），其残疾或死亡的发生率很高等。这些情况下发生的不良医疗后果被认为是疾病的自然转归。但患者和其家属由于缺乏相应的医学常识，错误地认为“我花钱就医，医生应该治好患者的病”；“我的家人走着来的医院，最后死在医院”，常会缺乏理性地认为必定是医疗事故或医务人员的过失责任。尤其是当医务人员的态度不好，或者存在某些失误时，患者或其家属更会这样想。实际生活中，这类疾病和情况并不少见。此外，在某些医疗机构发生的难以避免的疾病恶化的自然转归，在其他设备与技术条件好的医疗机构，可能是能够治疗或避免的。

出现疾病自然转归的情形，在判断是否属于负责事由时，必须注意以下几个方面：

（1）医务人员是否履行预见危险发生和防止危险结果发生的义务；（2）医务人员是否充分行使了危险告知义务；（3）医务人员有无行使及时、充分地保留导致意外发生的有关药物、医疗器械义务；（4）医务人员实施的医疗行为是否符合医学诊疗要求。

只有在充分审查上述四项要求后，针对具体的时间、地点和病情，具体情况具体分析，才能决定医疗意外是否可免责。

## 11. 什么是并发症？医院是否对并发症都不承担责任？

并发症是指在诊疗护理过程中，病人发生了现代医学科学技术能够预见但却不能避免和防范的不良后果，而这种不良后果的发生与医务人员是否存在医疗过失一般无直接的因果关系。

医患双方出现医疗事故争议，医疗机构常常以“并发症”作为抗辩。“并发症”只有在现有的医学科学技术条件下无法预料或者不能避免和防范的才不属于医疗事故，可预料的、可防范的则可以构成医疗事故。

当发生并发症情况时，病人及其家属也会主动配合医务人员采取有力措施，尽最大努力减少病人遭受的不良后果。但是医务人员事先未向病人及其家属说明，事后又解释不够，加之挽救措施不得力，病人出现死亡、残疾、组织器官损伤导致功能障碍等严重不良后果时，医疗纠纷的产生就在所难免了。

## 12. 不属于医疗事故的情况有哪些？

尽管不少医患纠纷源自院方原因导致的医疗事故，但是患方也应该清楚，有 6 种状况并不属于医疗事故，患方不应对此作无理的纠缠。

第一，在为抢救垂危患者生命而采取的紧急措施造成不良后果的不属于医疗事故。即在紧急情况下为抢救病人的生命，医护人员可按照医疗操作规范采取紧急救治措施。

第二，在医疗活动中由于病情异常或者患者特殊体质而发生的医疗意外不属于医疗事故。所谓医疗意外，是指由于病情或病人体质特殊而发生难以预料和防范的不良后果。医疗意外的发生是难以预料的，医护人员主观上不存在过失，而是由于病人自身体质变化和特殊病种结合在一起突然发生的，是医护人员本身和现代医学科学技术所不能预见、防范和避免的。医护人员根据当时的情况，无法预见可能会产生的病人死亡、残疾或功能障碍的不良后果。

第三，无过错输血感染造成不良后果的不属于医疗事故。医护人员在给病人提供血源时，按照供血的有关规定进行查验，输血操作无误，而输血后病人仍出现不良后果的。

第四，因患方原因延误诊疗导致不良后果的不属于医疗事故。由于病人对医疗行为不理解，不按医嘱服药或私自服药，个别患者出于某种动机和目的，不真实反映病状，不接受医护人员的合理治疗措施，过早地增加活动，术后过早进餐，私自外出等。由于患方的这些原因而导致不良后果的，医护人员不承担责任，不能认定为医疗事故。

第五，经患者同意，对患者实行试验性诊疗发生不良后果的不属于医疗事故。在许多科研、教学医院，经常有经过国家有关部门批准用于临床试验的药物、试剂、治疗仪器等在病人身上试用，但试用必须按试验性的有关规定进行，必须说明使用的目的及可能会产生的不良后果或副作用，必须征得患者本人同意，并签订协议书。患者签字同意进行试验诊疗，发生不良后果的，医护人员不承担医疗事故责任。

第六，因不可抗力造成不良后果的不属于医疗事故。

## 13. 什么是医疗意外？医疗意外是否可以不赔？

医疗意外，指受目前医学水平所限，或因患者体质特殊，在正常诊疗护理过程中出人意料之外发生的不良医疗后果。

由于其发生突然和出乎患者及其家属意料之外，是引起医疗纠纷的又一较常见的原因。其中过敏性休克最为常见。这里的过敏性休克，特指那些按诊疗护理常规不需事先做过敏试验的药物，按通常治疗剂量和使用途径使用后出现的过敏性休克。这主要是由于患者的体质特殊引起的。如医务人员诊断和抢救及时，仍发生了过敏性休克及其引起的死亡的不良后果，则不能视为医疗过失。有的人在正常做青霉素皮试试验时，当小剂量低浓度的青霉素溶液注入前臂皮下，在观察反应期内即发生了速发性过敏性休克，又因程度严重未能抢救过来而死亡，则应鉴定为医疗意外。

医疗意外包括两种情况：

（1）在医疗活动中由于患者病情异常或者患者体质特殊而发生的医疗意外。

（2）在现有医学科学技术条件下，发生无法预料或者不能防范的不良后果。具体来讲，医疗意外具有两个特征：其一，患者死亡、残疾或功能障碍的不良后果发生在诊疗护理工作中；其二，不良后果的发生，是医护人员难以预料和防范的，或者说是他们不能抗拒或者不能预见的原因引起的。

在判断医疗意外是否属于负责事由时，必须审查以下几个方面：

（1）医务人员是否履行预见危险发生和防止危险结果发生的义务；

（2）医务人员是否充分行使了危险告知义务；

（3）医务人员有无行使及时、充分地保留导致意外发生的有关药物、医疗器械义务；

（4）医务人员实施的医疗行为是否符合医学诊疗要求。

## 14. 医疗器械不良事件、医疗器械质量事故与医疗事故的区别有哪些？

医疗器械不良事件，是指获准上市的质量合格的医疗器械在正常使用情况下发生的，导致或者可能导致人体伤害的各种有害事件。医疗器械不良事件主要是由于产品的设计缺陷、已经注册审核的使用说明书不准确或不充分等原因造成的，但其产品的质量是合格的。

医疗器械质量事故主要是指其质量不符合注册产品标准等规定造成的事故。

医疗事故是指医疗机构及其医务人员在医疗活动中，违反医疗卫生管理法律、行政法规、部门规章和诊疗护理规范、常规，过失造成患者人身损害的事故。

## 15. 遇到医疗纠纷，患者与医院交涉应该注意哪些事项？

（1）医院处理医疗纠纷的部门是医务科（处），负责人就是科（处）长，有问题可以直接找其交涉。

（2）与医院交涉时应有理有据，无理取闹是没有意义的。医学知识一般都比较深奥，因此，刚开始交涉时，先多听听医院的解释，再将情况多请教专家，在作出比较后再判断医院有没有责任，责任有多少。也可以向专门从事医疗纠纷的律师咨询。

（3）注意收集证据，要在第一时间要求将病史资料予以复印和封存，妥善保管复印的病史资料，为今后认定医疗事故以及医院医疗行为的过错留下第一手鉴定依据，切忌延误时机。

## 16. 医学美容中出现纠纷，是否属于医疗纠纷？

医学美容手术造成毁容或容貌受损的事件是否属于医疗纠纷不能一概而论，应根据具体情况加以分析。

确定美容损害是否构成医疗纠纷的关键在于为受害人实施美容手术的主体是否为各级正式医疗机构。医疗机构是指经卫生行政部门审核合格，予以登记并发给医疗机构执业许可证的从事疾病诊断、治疗活动的医院、卫生院、门诊部、诊所、卫生所等。如果受害人是在这些医疗机构接受的医学美容手术，造成容貌毁损引起的纠纷就是医疗纠纷；如果受害人是在一般的美容院接受的美容手术，即使该美容院聘请了具有医师资格的人员实施美容手术，由于该美容院显然不属于医疗、预防或保健机构，该医务人员在美容院实施的行为不是其合法的职务行为，由此引发的纠纷不属于医疗纠纷，而仍属于一般的民事侵权。因为医师经注册后，只可以在医疗、预防、保健机构中按照注册的执业地点、执业类别、执业范围执业，从事相应的医疗、预防、保健业务。

关于如何认定美容医疗纠纷，鉴于目前的国情，可从以下几个方面进行综合审查：

(1) 施术者有无行医许可证。如属非法行医，对所造成的损害结构，依据《民法通则》应承担民事赔偿责任。

(2) 有无较完善、详细的术前、术后检查、治疗的病历记载等。

(3) 美容手术本身的质量评价。如有无明显的诊疗不当或违反医学基本理论的问题。

(4) 对美容术后的评价。目前尚无可参照的评判标准，可依据医学美学的基本要求、基本理论、术者与患者的术前协议等方面进行评价。

(5) 评价美容术的后果与其诊疗不当是否存在因果关系。

(6) 有无美容药品、用品的质量问题。

(7) 是否存在美容术的虚假宣传。

## 17. 由于宠物医院的过失医疗行为给宠物造成伤害或导致宠物死亡的，是否属于医疗纠纷？

当今社会，很多人把宠物当做自己的亲人来对待。当宠物医院的医疗行为对宠物造成伤害时人们往往会提出疑问，认为宠物医院也是医疗机构，可以根据《医疗机构管理条例》的规定向人民法院提起医疗纠纷诉讼。根据《医疗机构管理条例》的规定，医疗机构是以救死扶伤、防病治病、为公民的健康服务为宗旨的。而宠物毕竟不是人，故宠物医院不是医患关系中的医疗机构，与宠物主人就宠物的诊疗活动产生的纠纷也不属于医疗纠纷，而是一般民事侵权纠纷。

## 18. 急救组织的过失行为给患者造成损害引发的纠纷，属于医疗纠纷吗？

一般认为，院前急救行为属于医疗行为。而且，现行法律明确规定，急救站、急救中心是医疗机构的一种。因此，急救中心的院前急救活动引发的纠纷也属于医疗纠纷。

## 19. 与输血、输液有关的医疗事故原因有哪些？

（1）输异型血引起致使性溶血反应，多见于血型检验和交叉配血检验时发生差错，以致配错血型。（2）化验、血库人员因工作制度不严，采血时粗心，以致发生患者溶血性休克死亡。（3）输入被细菌或霉菌污染的血液、血浆或液体引起患者死亡。（4）输液量大、速度快引起左心衰竭合并肺水肿而导致患者死亡或发生其他严重后果。

## 20. 与管理有关的医疗事故原因有哪些？

（1）对危重病人片面强调制度、手续、条件，借故推诿和拒收，以致延误、丧失抢救时机，或不负责任地将危重病员转院、转科，造成不良后果。

（2）擅离职守，贻误诊疗抢救时机，造成不良后果。

（3）不执行卫生法规、医院管理制度和技术操作规程，明知故犯，查对不严，交接班不清，或不遵医嘱、护理不当，造成不良后果。

(4) 医院领导、后勤人员及其他有关人员，在自己职责范围内，不积极领导、组织、配合医疗护理工作，造成不良后果。

## 21. 什么是麻醉医疗事故?

麻醉医疗事故，是在麻醉过程中，因麻醉人员违反麻醉工作制度和技术规范，造成患者人身明显损害的事故。

麻醉过失所致医疗事故的主要情形有：(1) 违反规定，术前未熟悉患者病历、各项检查结果及详细检查患者，致使麻醉方式和剂量不当，造成患者人身明显损害的。(2) 术前一天未按规定开好医嘱，术前又疏于询问，致使患者进食后全身麻醉导致不良后果的。(3) 麻醉前，未认真检查麻醉药品，误用非局部麻醉药物代替麻醉药，或误用高浓度麻醉药，造成患者人身明显损害的。(4) 麻醉前，未认真检查麻醉器械是否完备、是否妥善，导致不良后果的。因器械质量问题，虽经检查，按程序操作，仍发生故障的，不构成医疗事故。但受害人主张权利的，医方仍应先行赔偿，其后可向生产者追偿。(5) 违反技术操作常规，单位时间内使用过大剂量麻醉药，又不采取拮抗措施；或者操作不当，致使椎管内穿刺插管、拔管中断针、折管；或者因吸入性麻醉剂药液灼伤患者眼、喉、呼吸道；或者违反消毒灭菌规范，消毒有误，导致感染等造成患者人身明显损害的。(6) 麻醉后，擅离职守或未密切观察，发生异常情况未能及时发现与抢救，造成患者人身明显损害的。(7) 其他因麻醉人员不负责任或技术欠缺的麻醉过失行为所致患者人身明显损害的。应当注意，麻醉是高风险医疗行为，尽管麻醉人员在程度和技术操作上均合常规，也可能发生不良后果，即麻醉意外和并发症。

麻醉意外与并发症不构成医疗事故，它们主要有：(1) 麻药剂量合规的基础或椎管阻滞麻醉中，发生呼吸抑制、血压下降或麻醉平面过高，经及时积极抢救仍不能避免不良后果的。（2）全身麻醉后，出现罕见的恶性高热症、特发性高血症、精神异常及肌松剂敏感所致长时间无呼吸。（3）局部性麻醉中患者出现晕针、虚脱、高血压等反应。（4）脊椎穿刺合规，穿刺注射后发生腹背痛、头痛、神经损伤、硬脊膜外肿等并发症。（5）气管插管合规，患者出现唇出血、喉头痉挛、声带损伤、支气管痉挛等并发症。（6）其他麻醉意外与并发症。

## 22. 什么是急诊医疗事故？

急诊医疗事故是医务人员违反急诊规范和常规，未能及时、恰当处理，造成患者人身明显损害的事故。造成急诊医疗事故的急诊行为主要有：（1）医疗机构违反规定，让实习医师或实习护士单独值急诊班，致使急诊延误或错误。（2）医方违反规定，未将抢救药品及器材准备妥善，致使急诊延误或错误。（3）急诊人员擅离职守，致使急诊延误。（4）急诊人员不负责任，怠于收治急诊病人、诊断错误、疏于观察等，致使急诊延误或错误。（5）急诊人员违反会诊义务，遇疑难、危重病员未立即请上级医师诊断或会诊，致使急诊延误或错误。（6）医务人员违反急诊观察制度，致使急诊延误诊治。（7）限于条件和技术，应当安排急诊病人转院的，违反转院规则；或者应预见途中可能加重病情或死亡，未等病情稳定或危险过去而转院；或者对较重病人转院，未派医务人员护送，致使患者病情加重或死亡。（8）其他违反急诊规范致患者人身损害的。

## 23. 医师在外出会诊过程中发生的医疗事故争议，由谁承担责任？

依据《医师外出会诊管理暂行规定》第 14 条规定，医师在外出会诊过程中发生的医疗事故争议，由邀请医疗机构按照《医疗事故处理条例》的规定进行处理。必要时，会诊医疗机构应当协助处理。

## 24. 出现医疗纠纷时，一般的处理程序是怎样的？

（1）住院病人及家属对医疗服务质量不满意或持有异议，首先向科室主任反映，由科主任调查或安排有关人员给患方作出解释或答复。

（2）对科室解释或答复的问题若有异议，患者或家属可投诉到医院相关管理部门（属医疗方面的问题，向医务科投诉；属护理方面的问题向护理部投诉；属医疗收费问题，向审计科投诉；属医德医风问题，向党办投诉）。管理部门接到投诉后，及时进行调查核实，作出解释和答复。

（3）对医院管理部门作出的答复意见仍有异议，属医疗质量或技术问题，可向市卫生局医政科申请医疗鉴定，或直接到人民法院提起诉讼，通过法律程序解决；属于医疗服务及医疗行风问题，可向市卫生局监察科或市纠风办投诉解决。

## 25. 发生医疗纠纷时，作为患者一方首先该怎么做？

如果怀疑医务人员在诊疗、护理过程中可能存在问题时，作为患者一方要保持理智，尽量克制，切忌情绪冲动，鲁莽行事。作为患者一方应该立刻做以下几件事情：（1）保存好手头的病历资料，如门诊病历、检验报告、处方笺等，向医疗单位提出查处要求。如果病人住院的，病历按规定是由医院保管，病人有条件的话应当对病历进行复印，或者要求医疗单位尽快对病人的病历材料进行封存。如果是因输液、输血、注射、服药等引起不良后果的，可以要求对相关实物进行核对并封存，以备进一步查验。（2）病人已死亡，死因明确的，应配合医院在病人死后48

小时以内进行尸检，以便查明死亡的原因。如果病人一方不配合尸体解剖，有可能要承担影响死亡原因判定的责任。（3）立即向有关人员和单位反映有关情况，并注意对有关证据、材料的收集，为将来能澄清事实、明确责任、顺利地解决纠纷做准备。

## 26. 医疗过失行为和医疗事故之间是什么关系？如何认定责任？

最高人民法院《关于参照〈医疗事故处理条例〉审理医疗纠纷民事案件的通知》规定，《医疗事故处理条例》（以下简称《条例》）施行后发生的医疗事故引起的医疗赔偿纠纷，起诉到法院的，参照《条例》的有关规定办理；因医疗事故以外的原因引起的其他医疗赔偿纠纷，适用《民法通则》的规定。这一通知把医疗侵权损害赔偿纠纷分为两类：一类是医疗事故侵权行为引起的医疗赔偿纠纷；另一类是非医疗事故侵权行为或者医疗事故以外的其他原因引起的医疗侵权赔偿纠纷。但都没能对医疗事故与医疗过失行为或事件的界限进行区分。其具体的操作技术形成了一个简单的推论方式，也就是出现医疗纠纷，首先适用《条例》所规定的鉴定程序，确定是否构成医疗事故，构成医疗事故的，按照《条例》规定的赔偿模式进行赔偿；不构成事故的，则按照是否构成医疗过失或医疗差错进行侵权赔偿，根据《民法通则》关于过错责任的认定，确定医疗机构应当承担的责任。

## 27. 医疗纠纷的处理有几种途径？各种处理途径有何利弊？

无论什么原因引发了医疗纠纷，也无论是否有违约或侵权的法律事实，只要有纠纷产生，就要有处理机制加以应对。目前处理医疗纠纷的途径主要是：医患双方自行协商解决、由卫生行政部门协调解决和由司法机关解决三种，我国尚未建立医事仲裁体系。

(1) 医患双方自行协商解决。这是日常生活中适用最多的办法，它的优点就是成本低、较为便捷，有利于医患矛盾的化解。缺点也很明显，就是没有权威性，协商处理的结论也没有法律约束力，而且如果是与医疗相关的行政争议，就不能适用此种方法。

(2) 由卫生行政部门协调解决。实践中，这种方法也大量存在。其优点是医疗纠纷专业性强，卫生行政部门毕竟是专业机构，而且程序比到法院诉讼要简便。但是医疗行政部门是很多医疗机构的主管部门，因此，医疗行政部门能不能保证不偏向医疗机构一方也就成了很多人心头的疑惑。

(3) 由司法机关解决，也就是我们通常所说的“打官司”。这种方式适用最广，虽然程序比较复杂，成本也较高，但是最具权威性，其结果具有法律约束力。

## （二）医患关系

### 1. 什么是医患关系？

医患关系是指“医”与“患”之间的关系。这里所称的“医”主要是指医疗单位及其医务工作者，不仅包括各级各类医院、乡镇卫生院、疗养院和门诊部，还包括各种诊所、卫生所、医务所等。医务工作者也是一个广义的概念，主要是指各级各科医生和护士，医疗单位的管理人员有时也会成为医疗纠纷的“肇事者”，常见的有管理工作未尽职尽责，使医疗环节脱档而给病人造成损害；或者医疗单位的领导瞎指挥，硬性要求主治医生使用或不使用某种药物及诊疗措施，导致不应有的危害后果。“患”是指接受诊疗的病人。如果诊疗及护理过程没有导致病人死亡，就必须由病人本人提请医疗纠纷的处理。当然，按照法律的规定，病人可以委托家人、亲友、律师等人充当代理人，以病人的名义，具体实施解决医疗纠纷的工作。如果在诊疗护理过程病人死亡，那么他的利害关系人就可以取代患者而成为医疗纠纷的主体。死者的配偶、子女、父母等都可以成为利害关系人。因此，“患”包括病人、病人的家属以及除家属以外的病人的监护人（有时称做“患者方面”）。

## 2. 医患之间的关系具有什么样的法律属性？

病人到医疗机构就诊，医疗机构接受病人并为其治疗，就表明病人与医疗机构之间存在着合同关系，即医疗服务合同关系，它是一种非典型的契约关系。医疗服务合同在订立、内容、履行和违反合同的责任等方面，都具有民事合同的一般属性，符合《民法通则》有关合同的定义，是一种民事合同。当医患双方经过挂号这一缔约程序后，医患关系就是一种平等有偿的医疗合同关系。在这一关系中，患者授权医方以自己的身体为对象来医治自己的疾病或检查诊断身体健康状况，因而医方应该根据诚信原则尽到一个善良管理人应尽的注意义务，并且还要为了患者的利益，依据对患者病情的判断，以最佳医疗方式对患者尽心医疗。按照医疗服务合同的要求，如果医院一方在医疗过程中，因医护人员的过失，损害患者的健康甚至造成死亡后果，属于违约行为，应当承担违约责任。但是，如果从过失医疗行为侵害公民健康权、生命权的角度看，医疗事故无疑又是一种侵权行为，应当承担侵权责任。也就是说，医疗机构的过失医疗行为既侵害了患者的合同预期利益，也侵害了患者的固有利益，构成侵权责任与违约责任的竞合。《合同法》第 122 条规定：“因当事人一方的违约行为，侵害对方人身、财产权益的，受损害方有权选择依照本法要求其承担违约责任或者依照其他法律要求其承担侵权责任。”因此，从理论上讲，在医疗事故纠纷中，患者既可以医疗机构违反医疗服务合同规定的义务为由要求医疗机构承担违约责任，也可以医疗机构侵害其人身、财产权利为由来追究医疗机构的侵权责任。

医疗事故按照侵权责任处理，更有利于保护患者的权利，避免患者不清楚医疗关系的合同性质而不敢索赔的后果，同时，也可以使医疗机构不能借口合同有约定而拒绝对医疗事故的受害人予以赔偿。

在实务中，对医疗事故侵权赔偿责任的归责原则，我国法律规定的是过错责任原则，且对医疗事故侵权纠纷的因果关系和过错存在实行举证责任倒置，即由医疗机构承担医疗行为过程中没有过失和医疗行为与损害后果之间没有因果关系的举证责任。能够证明自己的行为与损害事实之间没有因果关系，自己在主观上没有过错的，医疗机构不承担侵权赔偿责任。医疗机构不能证明的，就应当承担侵权赔偿责任。但符合免责事由条件的，医疗机构不承担赔偿责任。

## 3. 病人的权利和义务具体有哪些?

病人到医院看病是日常生活中常见的现象，患者在就医过程中，同样具有相应的权利。

病人在就医过程中的权利主要有：（1）基本医疗权。（2）疾病认知权。医生在不损害病人利益和不影响治疗效果的前提下，应提供有关疾病信息。（3）知情同意权。病人有权要求治疗，也有权拒绝一些诊治手段和人体实验或试验性治疗，不管是否有益于病人。（4）保护隐私权。病人有权要求医生为自己生理的、心理的及其他隐私保密。（5）免除一定社会责任权。（6）要求赔偿权。因医生过失行为导致的医疗差错、事故，病人及其家属有权提出经济补偿要求。

权利与义务是对等的，病人在享有就医过程中的权利的同时也应该履行一定的就医义务。

病人的义务，也是为了尊重病人的自主权。病人履行自己的义务不仅是对自己的健康负责，也是对医生的尊重。具体来说，病人在就医过程中的义务主要有：（1）病人有保持和恢复健康的义务。（2）病人有积极接受、配合治疗的义务。病人不应该消极对待自身疾患甚至无理拒绝治疗，同时还应尊重医生的劳动，遵守医院的规章制度。（3）病人有支持医学科学发展的义务。

## 4. 在医院挂号后，患者能“退号”吗？

合同当事人达成合意的过程分为两个阶段，即要约和承诺。当事人一方以订立合同为目的，向对方作出意思表示，为要约；受要约方接受要约，同意要约人的意思表示，则为承诺。承诺生效时，合同成立。合同原则上自成立时生效，但法律、行政法规规定应当办理经批准、登记手续生效的，依照其规定。

医疗合同的订立过程一般表现为患者前往医疗机构挂号就诊，医疗机构接受患者就诊，因此确立合同关系。医患双方的权利和义务是对等的，如果医方由于特殊原因不能履行自己的诊疗义务，当事人可以解除医疗服务合同。合同解除后，双方的权利义务终止，尚未履行的，终止履行；已经履行的，根据履行情况和合同性质，当事人可以要求恢复原状、采取其他补救措施，并有权要求赔偿损失。因此，合同解除后，患者可以“退号”并要求返还已经支出的挂号费用。

## 5. 医疗机构在紧急情况下的医疗处置权和应尽的义务有哪些？

2009 年 12 月 26 日第十一届全国人大常委会第十二次会议

表决通过，自2010年7月1日起施行的《侵权责任法》明确了医疗机构在紧急情况下的医疗处置权和应尽的义务。

一是紧急情况下医方有单方行医权，有不得拒绝抢救的义务。《侵权责任法》第56条规定："因抢救生命垂危的患者等紧急情况，不能取得患者或者其近亲属意见的，经医疗机构负责人或者授权的负责人批准，可以立即实施相应的医疗措施。"

二是妥善保管病历等资料的义务。

三是隐私保密义务和侵权责任。

四是不得实施违规检查的义务。《侵权责任法》第63条规定："医疗机构及其医务人员不得违反诊疗规范实施不必要的检查。"

## 6. 什么是患者知情同意权？

知情同意权，是指患者有权知晓自己的病情，并可以对医务人员所采取的医疗措施决定取舍的权利。知情同意的实质是患者在实施患者自主权的基础上，向医疗方进行医疗服务授权委托的行为。为保护患者的知情权，相应地，医疗机构和医务人员就有向患者告知的义务。《侵权责任法》第55条规定："医务人员在诊疗活动中应当向患者说明病情和医疗措施。需要实施手术、特殊检查、特殊治疗的，医务人员应当及时向患者说明医疗风险、替代医疗方案等情况，并取得其书面同意；不宜向患者说明的，应当向患者的近亲属说明，并取得其书面同意。医务人员未尽到前款义务，造成患者损害的，医疗机构应当承担赔偿责任。"这条规定首次以法律的形式明确了医务人员的说明告知义务，保障了患者的知情同意权。

过去，医务人员对一些可能严重影响病人心理和情绪的疾病，往往不向病人透露病情，甚至为防止病人间接知晓也不向病人家属讲清楚。有时，为了增强病人战胜疾病的信心，还向病人说一些善意的谎言，善意地出具内容虚假的医学文书。医务人员的这些善意行为如果处理不恰当，都可能侵犯病人的知情同意权。同时，为避免紧急情况下抢救病人生命的需要，《侵权责任法》第56条补充规定，因抢救生命垂危的患者等紧急情况，不能取得患者或者其近亲属意见的，经医疗机构负责人或者授权的负责人批准，可以立即实施相应的医疗措施，这不涉及侵犯病人知情同意权的问题。

## 7. 什么是医务人员的告知义务？医务人员为取得患者有效承诺，应当如何履行说明告知义务？

医疗活动中，医疗机构及其医务人员将患者的病情、医疗措施、医疗风险等如实告知患者，是一种法定义务或道德义务而不是权利。患者就医过程中产生的疑问，医务人员也有义务回答。

目前在我国，医院的知情告知形式主要有3种：一是固定格式的书面告知，如医院概况及科室位置指示牌、病历本上的附注、医护人员职称资历简介栏、药品的价格表等；二是依患者病情而有不同内容的书面告知，如术前的手术同意书、术中的手术方案变更同意书、情况紧急时的医方法人同意书、突发情况事后告知书、住院清单、人体实验告知书、病情告知书、病案通知单、死亡通知单等；三是口头形式的事件性告知，即是对某一具体性的事件而发生的临时性的告知，如查房时的谈话、医方对患者咨询时的回答等。

依据证据学原理，医方履行告知义务时必须满足下列四个条件：

（1）告知的内容必须全面完整。医方告知的内容至少应涉及医院的设备、医生的能力、患者的症状和体质、必要的理化检查及可能的危险、并发症的预见及价格费用，等等。

（2）告知的形式应清晰明白。即医方在告知中所有的文字要通俗易懂、表达要准确可靠、格式要简单。特别是在手术同意书中，要把手术指征表述明确，可能出现的并发症要全面具体。所述内容要让任何一个理性的普通人能看懂、理解，不能有深奥的医理和繁多的医学术语。因为在诉讼中，任何涉嫌乘人之危或违背患者意愿的知情同意书都将受到合法性的质疑而使医方处于被动的地位。

（3）告知的内容应当有固定的形式。医方应将履行告知义务的情况以书面等形式固定下来，以有利于诉讼证据的提取。医方书写的病历、医嘱、处方、病程记录、各种检查单、化验单等都包含有医方告知的内容，虽然这些医疗文件不像手术等创伤性医疗行为的同意书上有患者的签字，但患者对这些医嘱或化验、检查的执行就视为患者对医方这些医疗行为的同意。

（4）告知的时间恰当、及时。医方履行告知行为是否及时、时机是否恰当对判断医方履行告知义务过程中是否有过错意义重大。若医方滞后告知或告知时机不恰当而造成患者损失时，医方就必须承担不利的法律后果。

医方的告知医疗文件要符合上述四个条件才能表明医方已经合理地履行了告知的义务，才能在诉讼中立于不败之地。随着医疗纠纷的日益增多和医方承担举证责任倒置的实行，对医方履行告知义务的证据要求必将越来越高。

## 8. 医院能否在医疗广告中使用患者的个人信息？

隐私权是指公民享有的私人生活安宁与私人信息依法受到保护，不被他人非法侵扰、知悉、搜集、利用和公开等的一种人格权。一般认为，隐私权主要包括以下内容：（1）个人生活安宁权；（2）个人生活情报保密权；（3）个人通讯秘密权；（4）个人隐私利用权。作为公民的一项人格权，隐私权在性质上是绝对权，其核心内容是公民对自己的隐私依照自己的意志和法律进行支配，其他任何人都负有不得侵害的义务。

医疗领域隐私的核心是患者的疾病或健康状况，包括身体隐私和医疗信息隐私。身体隐私指患者不愿为人知的身体上的暗处或瑕疵。出于追求医疗结果、保证健康的目的，基于对医生的信赖及医患间的合作关系，一些身体隐私是患者必须提供的。医疗信息隐私是关于患者身体特征、健康情况以及这些情况所蕴涵的信息，包括医学检查结果、患者身体表征、疾病诊断、与健康有关的各方面情况等。此外，患者的一般个人信息也是医院应当为患者保密的。

目前，隐私权和相关的其他人格权作为保护对象出现在我国的宪法和民法等其他的部门法中。医疗机构以及医务人员有依法为患者的病情隐私进行保密的法定义务。《执业医师法》规定，医师在执业活动中要尊重患者，保护患者隐私；泄露患者隐私造成严重后果的要承担相应的法律责任。《护士管理办法》规定，护士在执业中得悉就医者的隐私，不得泄露。《医务人员医德规范及实施办法》也明确规定，为患者保密，不准泄露患者隐私。泄露患者隐私，造成严重后果的，根据情节轻重给予相应的处罚。可见，对患者隐私权的保护，在我国的立法和司法实践中已获认可。

医疗活动是以患者对医师的信赖为基础的，医务人员不保护患者的隐私，势必引起患者的不信任，从而可能拒绝透露必要的个人信息，或拒绝接受必要的检验或检查，这样将影响正常的诊疗活动，甚至瓦解正常医患关系的存续。因此，医疗机构应加强对患者各类信息的管理，保护患者的隐私权不受侵犯。

医院出卖患者个人信息的行为会导致相应的刑事责任。我国《刑法》第 253 条之一专门规定：“国家机关或者金融、电信、交通、教育、医疗等单位的工作人员，违反国家规定，将本单位在履行职责或者提供服务过程中获得的公民个人信息，出售或者非法提供给他人，情节严重的，处三年以下有期徒刑或者拘役，并处或者单处罚金。窃取或者以其他方法非法获取上述信息，情节严重的，依照前款的规定处罚。”

**9. 在医疗机构管理病历资料的情况下，患者对于病历资料享有哪些权利，同时承担哪些义务？**

根据《医疗事故处理条例》的规定，在医疗机构保管病历资料的情况下，患者对其病历资料享有知情权，同时也负有保护病历资料的完整，不得随意涂改、伪造、隐匿、销毁或抢夺的义务。患者有权了解其疾病情况，有权了解为其实施的检查、治疗的方法、内容等，患者也有权获得记录其客观疾病状况及相关信息的病历资料。具体说，患者对病历资料主要享有下列权利：

(1) 患者有权复印或复制客观性病历资料。《医疗事故处理条例》第10条规定：“患者有权复印或者复制其门诊病历、住院志、体温单、医嘱单、化验单（检验报告）、医学影像检查资料、特殊检查同意书、手术同意书、手术及麻醉记录单、病理资料、护理记录以及国务院卫生行政部门规定的其他病历资料。”按该条规定，当患者依据条例的规定要求复印或者复制病历资料时，不管医患双方之间是否发生医疗纠纷，医疗机构均应提供复印或复制服务。

根据《医疗机构病历管理规定》的要求，医疗机构应当受理下列人员和机构复印或者复制病历资料的申请：①患者本人或其代理人；②死亡患者近亲属或其代理人；③保险机构。医疗机构应当由负责医疗服务质量监控的部门或者专（兼）职人员负责受理复印或者复制病历资料的申请。

受理申请时，应当要求申请人按照下列要求提供有关证明材料：①申请人为患者本人的，应当提供其有效身份证明；②申请人为患者代理人的，应当提供患者及其代理人的有效身份证明、申请人与患者代理关系的法定证明材料；③申请人为死亡患者近亲属的，应当提供患者死亡证明及其近亲属的有效身份证明、申请人是死亡患者近亲属的法定证明材料；④申请人为死亡患者近亲属代理人的，应当提供患者死亡证明、死亡患者近亲属及其代理人的有效身份证明，死亡患者与其近亲属关系的法定证明材料、申请人与死亡患者近亲属代理关系的法定证明材料；⑤申请人为保险机构的，应当提供保险合同复印件、承办人员的有效身份证明、患者本人或者其代理人同意的法定证明材料；患者死亡的，应当提供保险合同复印件、承办人员的有效身份证明、死亡患者近亲属或者其代理人同意的法定证明材料。合同或者法律另有规定的除外。公安、司法机关因办理案件，需要查阅、复印或者复制病历资料的，医疗机构应当在公安、司法机关出具采集证据的法定证明及执行公务人员的有效身份证明后予以协助。

（2）患者有权和医疗机构一起共同封存和启封主观性病历资料。《医疗事故处理条例》第 16 条规定："发生医疗事故争议时，死亡病例讨论记录、疑难病例讨论记录、上级医师查房记录、会诊意见、病程记录应当在医患双方在场的情况下封存和启封。"上述这些均属于主观性病历资料。主观性病历资料是记录医务人员对患者病情、治疗进行分析、讨论的主观意见的资料。从这些资料中可以反映出医务人员对患者疾病及其诊治情况的主观认识以及医务人员针对患者的疾病所采取相应医疗方案、治疗措施等行为的主观动机。

由于病历资料是专家组进行医疗事故技术鉴定的直接证据之一，主观性病历资料反映了医务人员的诊疗的思想、思辨过程，对医疗事故技术鉴定人员分析判定有很大帮助，其真实性可以直接影响鉴定结论的作出。因此，为了避免医患双方对证据真实性的质疑，避免涂改、丢失病历资料等情况发生，只有在双方共同在场的情况下封存，才能消除疑虑，保证鉴定工作的顺利进行。

通常封存的病历应为原件，但是，如果发生医疗事故时患者的治疗过程尚未终结，也可以封存复印件，封存复印件时医患双方可以共同加盖印记证明。由于医疗机构负有保管病历的工作职责，具备保管病历的工作条件，并且在医疗纠纷中具有重要的举证责任，因此，封存后的复印件由医疗机构负责保管。同时，为了避免医患双方对病历资料真实性的质疑，也为了体现对患者权利的保护，在封存主观性病历资料的时候必须要医患双方共同在场。为慎重起见，封存时在场的医患双方当事人应具有完全民事行为能力，并且要保证双方人员均在2人以上。为了充分保证患者一方对病历资料的权利，在对封存的主观性病历资料进行启封时，也要有患者一方的人员在场。

## 10. 什么是病历资料？病历上发现有改动的痕迹，应该如何处理？

病历资料，是病人在门诊、急诊、留观室及住院期间全部医疗资料的总称，是关于病人和疾病的诊疗过程中第一手重要的原始记录，是具有法律效力的证实医疗单位诊疗措施是否正确，认定医疗过失的重要证据。其包括下列内容：（1）住院患者的病程记录、死亡病例讲座记录、疑难病例讨论记录、会诊意见、上级医师查房记录等病历资料原件；（2）住院患者的住院志、体温单、医嘱单、化验单（检验报告）、医学影像检查资料、特殊检查同意书、手术同意书、手术及麻醉记录单、病理资料、护理记录等病历资料原件；（3）抢救急危患者，在规定时间内补记的病历资料原件。

《医疗事故处理条例》规定，严禁涂改、伪造、隐匿、销毁或者抢夺病历资料。但在实践中，也存在纠纷发生后，患者没有及时要求复印或封存病历，医院为了掩盖事情的真相而对病历资料进行篡改的情形。病历在书写过程中，只要符合法律规定的要求，是允许修改的。但是，有时候，病历上的改动究竟是书写过程中的合理修改，还是纠纷发生后私下的篡改，患者单靠肉眼是无法判断的。此时，患者可委托司法鉴定中心对病历进行鉴定，如果确实是篡改的病历，可以直接认定医院没有完成举证责任，不能够证明自己没有过错，那么，就推定医院对患者损害的发生存在过错，依法应当承担相应的责任。

## 11. 医院涂改、伪造、销毁原始病历，应当承担什么法律责任？

医院有妥善保管原始病历的法定义务，不能擅自涂改、伪造、销毁原始病历，否则要承担由此而产生的法律责任。《医疗事故处理条例》第58条规定：医疗机构或者其他有关机构违反本条例的规定，有下列情形之一的，由卫生行政部门责令改正，给予警告；对负有责任的主管人员和其他直接责任人员依法给予行政处分或者纪律处分；情节严重的，由原发证部门吊销其执业证书或者资格证书：（1）承担尸检任务的机构没有正当理由，拒绝进行尸检的；（2）涂改、伪造、隐匿、销毁病历资料的。《侵权责任法》第58条也明确规定：患者有损害，因下列情形之一的，推定医疗机构有过错：（1）违反法律、行政法规、规章以及其他有关诊疗规范的规定；（2）隐匿或者拒绝提供与纠纷有关的病历资料；（3）伪造、篡改或者销毁病历资料。

根据《民事诉讼法》第102条规定，“伪造、毁灭重要证据，妨碍人民法院审理案件的”，“人民法院可以根据情节轻重予以罚款、拘留；构成犯罪的，依法追究刑事责任”。

## 12. 如果发生医疗事故，有关卫生行政部门不按《医疗事故处理条例》处理，当事人应当怎么办？

1995年6月14日最高人民法院《关于对“当事人以卫生行政部门不履行法定职责为由提起行政诉讼人民法院应否受理”的答复》中，“医疗事故鉴定委员会已作出不属于医疗事故的最终鉴定，卫生行政部门对医疗争议拒绝作出处理决定，当事人以不履行法定职责为由依法向人民法院提起行政诉讼，人民法院应予受理”。也就是说，《医疗事故处理条例》是行政法规，作为国家的卫生行政部门，处理医疗纠纷就应当按照其进行处理，如果不按其处理，就是没有履行法律所规定的职责，当事人可以向人民法院提起行政诉讼。在对医疗事故处理上，卫生行政部门如不履行自己应尽的职责，医疗事故的当事人可以向法院提起行政诉讼，要求卫生行政部门履行自己应尽的职责，并承担相应的法律责任。

## 13. 患者扰乱医疗机构的正常诊疗秩序需要承担什么责任？

医疗机构的规章制度对患者是具有约束力的，但此规章制度的内容必须合法。对于患者的义务，在卫生法律、法规中较少给予明确，但从权利义务相对性来说，没有独立的不须承担义务的权利。患者由于疾病因素或恢复、维持健康状况就医，而医疗机构则是通过正常的医疗管理制度运行来保证就医者的就医权利得到实现。因此，患者就医时必须自觉遵守医院的规章制度。如门诊挂号制度、进出院登记制度、医院探视制度、急诊制度以及维持医疗机构的清洁、安静、秩序的有关规定。任何人不得利用特权故意破坏医疗机构的规章制度，干扰、破坏医疗机构医疗服务行为的正常进行，更不能有意滋事闹事、毁坏医疗机构的公有财产或给医疗服务人员造成人身伤害。遵守医院的规章制度，不仅是患者的自觉公德行为，而且也是法律规定的义务。如果违反有关的医院规章制度，将可能受到行政法规或刑事法律的处罚。我国《民法通则》第 7 条规定，民事活动应遵守社会公德，不得损害公共利益。卫生部和公安部联合发布的《关于维护医院秩序的联合通知》第 3 条规定，禁止任何人利用任何手段扰乱医院的医疗秩序。2001 年 8 月 9 日卫生部、公安部发布的《加强医疗机构治安管理通告》（以下简称《通告》）第 1 条规定，医疗机构是履行救死扶伤、保障人民生命健康的重要社会公共场所。禁止任何单位和个人以任何理由、手段扰乱医疗机构正常诊疗秩序，侵害就诊者合法权益，危害医务人员人身安全、损坏医疗机构财产。

《通告》第 5 条规定，倒卖医疗机构挂号凭证，在医疗机构内寻衅滋事，在医疗机构内故意损坏公私财物的，利用封建迷信扰乱医疗机构秩序、损害他人身体健康或者骗取财物的，偷窃医疗机构、医务人员以及患者财物，以及其他扰乱医疗机构正常诊疗秩序的行为，由公安机关依据《治安管理处罚法》予以处罚；构成犯罪的，依法追究刑事责任。

## 14. 患者在就诊时医疗机构让签订“生死合同”怎么办?

在治疗时，医院常常让病人家属签字的方式告知手术中的风险。有的患者或家属因风险告知书上列有可能造成患者生命危险的条款，就认为这是医院对治死病人的免责条款，就不敢签字了。

如果在手术中，由于医院的过错而造成病人损害的，不能因为病人家属已经签字而可以免除责任。而对于一些急危病人，法律规定了医生救死扶伤的义务和特殊干预权，就算家属不签字，医生也必须进行手术。手术后如果出现医患纠纷，经医疗鉴定或司法鉴定后，明确是院方过错的，医院与病人家属所签的免责条款无效，并应承担相应的法律责任。最高人民法院《关于民事诉讼证据的若干规定》，也明确了医患纠纷中的举证责任倒置原则：医院对自己是否有过错，将承担举证责任。所以，对医院与患者或患者家属签订“生死合同”的习惯做法，患者及家属不必过于忧虑。

### 15. 发生医疗纠纷，可否拒付医疗费？

2001 年 5 月 20 日至 6 月 10 日，患者甲因病在某大医院治疗，后病故。医疗费共计 46 万元，已预交 20 万元，欠费 26 万元。患者之妻乙在住院保证书上签字，保证交付住院费用，如有拖欠由保证人负责清偿。后其子丙在还款保证书中写明，其父现欠该院治疗费用约 26 万元左右，待与其父工作单位领导协商后，共同把所欠治疗费用还清。后因此款未还，院方起诉到法院，请求判令患方偿还欠款及利息，患方以手术方案是医方极力推荐，且医方承诺手术费用不超过 20 万元，术后患者病情恶化，医方未告知患方患者病情，只是让患方在用药单上签字，还款书是被强迫所写为抗辩。

患方经办理住院手续住院治疗，医患双方之间形成医疗服务合同关系。《合同法》第 44 条规定，依法成立的合同，自成立时生效。第 8 条规定，依法成立的合同，对当事人具有法律约束力。当事人应当按照约定履行自己的义务，不得擅自变更或者解除合同。依法成立的合同，受法律保护。第 60 条规定，当事人应当按照约定全面履行自己的义务。结合本案，院方应对患方履行治疗义务，同时享有要求患方支付医疗费的权利；患方享有接受治疗的权利，同时有给付医疗费的义务。《合同法》第 107 条规定，当事人一方不履行合同义务或者履行合同义务不符合约定的，应当承担继续履行、采取补救措施或者赔偿损失等违约责任，因此本案中患方应当给付医方医疗费用。

# 二、医疗事故的鉴定与赔偿

## （一）医疗事故的鉴定

### 1. 什么是医疗事故技术鉴定？

医疗事故技术鉴定，又叫医疗事故鉴定，指法定鉴定组织（医学会）按照法定程序受理、调查、组织专家鉴定组，分析、讨论、表决、得出专门性结论，出具医疗事故鉴定书的活动。

一般而言，设区的市级地方医学会和省、自治区、直辖市直接管辖的县（市）地方医学会负责组织首次医疗事故技术鉴定工作。省、自治区、直辖市地方医学会负责组织再次鉴定工作。必要时，中华医学会可以组织疑难、复杂并在全国有重大影响的医疗事故争议的技术鉴定工作。医疗事故技术鉴定应当在事实清楚、证据确凿的基础上，综合分析患者的病情和个体差异，作出鉴定结论，并制作医疗事故技术鉴定书。

### 2. 医疗事故技术鉴定是由谁启动的？主要经过哪些流程？

发生医疗纠纷后，医患双方可以协商一致共同向市医学会提起医疗事故技术鉴定申请，或患方向医疗行政部门投诉由医疗行政部门移交医学会鉴定，或由人民法院根据当事人申请委托医学会鉴定。

主要流程如下：医学会受理鉴定委托→由申请一方或双方交纳鉴定费→医学会通知双方提交陈述书、答辩书及鉴定所需材料

→查看相关专科专家名录并选出需回避的专家→对双方认可的专家随机编号，由医患双方及医学会随机抽号组成专家鉴定组→召开鉴定会，患医双方按先患方后医方各陈述（答辩）15 分钟，专家提问，退庭→专家讨论，出具医鉴结论报告。当事人不服该报告的，可向省医鉴会提起再次鉴定。

### 3. 人民法院可否委托医疗事故技术鉴定？

根据最高人民法院 2003 年 1 月 6 日发布的《关于参照〈医疗事故处理条例〉审理医疗纠纷民事案件的通知》的内容，人民法院在民事审判中，根据当事人的申请或者依职权决定进行医疗事故司法鉴定的，交由《医疗事故处理条例》所规定的医学会组织鉴定。因医疗事故以外的原因引起的其他医疗赔偿纠纷需要进行司法鉴定的，按照《人民法院对外委托司法鉴定管理规定》组织鉴定。人民法院对司法鉴定申请和司法鉴定结论的审查按照最高人民法院《关于民事诉讼证据的若干规定》的有关规定处理。

### 4. 医疗事故技术鉴定机构是如何设立的？

《医疗事故处理条例》第 21 条规定：设区的市级地方医学会和省、自治区、直辖市直接管辖的县（市）地方医学会负责组织首次医疗事故技术鉴定工作。省、自治区、直辖市地方医学会负责组织再次鉴定工作。必要时，中华医学会可以组织疑难、复杂并在全国有重大影响的医疗事故争议的技术鉴定工作。第 22 条规定：当事人对首次医疗事故技术鉴定结论不服的，可以自收到首次鉴定结论之日起 15 日内向医疗机构所在地卫生行政部门提出再次鉴定的申请。

从上述规定可知，承担医疗事故技术鉴定工作的医学会有四种：（1）设区的市级地方医学会；（2）省、自治区、直辖市直接管辖的县或者县级市地方医学会负责组织本地区内医疗事故争议的首次技术鉴定；（3）省、自治区、直辖市医学会，负责本行政区域内当事人因对医疗事故争议首次技术鉴定不服而提起的再次鉴定；（4）中华医学会组织的医疗事故技术鉴定不是医疗事故争议的必经程序。只有在案件重大、疑难、复杂且必要时，才由中华医学会来组织鉴定。

## 5. 医疗事故技术鉴定专家库是如何建立的，组成人员应当具备什么条件？

根据《医疗事故处理条例》和《医疗事故技术鉴定暂行办法》的规定，专家库是由负责组织医疗事故技术鉴定工作的医学会来组织建立的。由医学会对专家库成员候选人进行审核。审核合格的，予以聘任，并发给中华医学会统一格式的聘书。专家库成员聘用期为4年，聘用期满需继续聘用的，由医学会重新审核、聘用。

入选专家库的专家包括两类人员：一类是医疗卫生专业技术人员；另一类是法医。

具备下列条件的医疗卫生专业技术人员可以成为专家库候选人：（1）有良好的业务素质和执业品德；（2）受聘于医疗卫生机构或者医学教学、科研机构并担任相应专业高级技术职务3年以上；（3）健康状况能够胜任医疗事故技术鉴定工作。符合（1）、（2）项规定条件并具备高级技术职务任职资格的法医可以受聘进入专家库。

## 6. 进行医疗纠纷鉴定时需要注意收集哪些证据材料？

（1）门诊及住院病历。门诊病历是患者来医院就诊时最原始的证据材料，从病历中，可以看出病人来医院就诊的主要原因，来院时的基本病情，以及医生对患者进行了哪些检查、处置，等等。住院病历住院时都由医院保管，出院后医院收入病案室存档。

（2）化验单及各类辅助检查资料和报告单。一般包括心电图、脑电图、B超结果、X片等，这些均是来院就医时患者病情的原始依据。这些依据是医生诊断的重要参考资料。

（3）用药处方笺、药品及其包装物。取得这种证据的可靠方法是留好处方笺的底方（或复印件）、剩余药液及药品包装袋。处方可以证明医生是否用错了药，而剩余药品及包装袋则可以证明医生没开错药而药房发错了药的情况。

（4）输血、输液反应的剩余液及输液瓶。因输血、输液反应而发生的医疗纠纷在实践中占有相当大的比例。这种纠纷最重要的证据就是剩余液，所以患方在输血或输液反应发生后，应注意保存静脉点滴剩余液和剩余的血液。

（5）手术切除的组织或器官。术中切除组织的索取和保存是获得术中失误证据的主要渠道，是患方应有的权利。一般情况下，手术过程中或手术结束后，术者都要把术中切除的组织展示给病人或家属过目。

（6）死者尸体。对于死亡医疗纠纷而言，尸体是最有力的证据。通常情况下，对于“死因不明”者，要想明确医院是否应负责任，进行“尸检”是必不可少的。

### 7. 医疗事故专家鉴定组成员在何种情况下应当回避？

所谓“回避”是诉讼法中的一项重要制度，目的是避免医患双方对鉴定机构产生疑虑，对鉴定结果不信任，防止专家鉴定组成员利用权利徇私舞弊，提高医疗事故技术鉴定的公正性和可信度。

根据《医疗事故处理条例》和《医疗事故技术鉴定暂行办法》的规定，参加医疗事故技术鉴定的鉴定组成员因当回避的情形有以下三种：

（1）是医疗事故争议的当事人及其近亲属的。

（2）与医疗事故争议有利害关系的。

（3）与医疗事故争议当事人有其他关系，可能影响公正鉴定的。

作为患者一方，如果发现鉴定组成员有以上三种情形之一的，可以申请其回避。鉴定组成员如果认为自己与案件的当事人有以上情形之一的，应当主动要求回避。

## 8. 患者申请医疗事故鉴定需要缴纳鉴定费用吗？

根据《医疗事故处理条例》第34条规定，医疗事故技术鉴定，可以收取鉴定费用。经鉴定，如果属于医疗事故的，鉴定费用由医疗机构支付；如果不属于医疗事故的，鉴定费用由提出医疗事故处理申请的一方支付。鉴定费的标准由省、自治区、直辖市人民政府价格主管部门会同同级财政部门、卫生行政部门规定。

## 9. 所有医疗纠纷都必须以医疗事故鉴定为前提吗？

医疗事故鉴定只是医疗损害赔偿诉讼中的一个证据，并不是唯一的证据。医疗损害赔偿诉讼不必一定以医疗事故鉴定为前提。对于一些事实清楚、情节简单、争议不大、不涉及复杂事项认定的医疗损害，如医生侵害了患者的知情同意权，导致患者身体受到伤害的纠纷，就无须专家作出鉴定，平常人也能得出正确结论。

## 10. 哪些情况下，医学会不受理医疗事故鉴定？

《医疗事故技术鉴定暂行办法》第13条规定，有下列情形之一的，医学会不予受理医疗事故技术鉴定：

（1）当事人一方直接向医学会提出鉴定申请的；

（2）医疗事故争议涉及多个医疗机构，其中一所医疗机构所在地的医学会已经受理的；

（3）医疗事故争议已经人民法院调解达成协议或判决的；

（4）当事人已向人民法院提起民事诉讼的（司法机关委托的除外）；

（5）非法行医造成患者身体健康损害的；

（6）卫生部规定的其他情形。

## 11. 只要鉴定机构作出了不构成医疗事故的鉴定就能成为医疗机构不承担赔偿责任的理由吗？

不构成医疗事故的鉴定结论不能成为医疗机构不承担赔偿责任的理由。患者在接受诊疗的过程中，一旦因为医疗机构的过错行为导致生命或者身体健康受到了损害，医院就应当对患者受到的损害承担赔偿责任。医疗机构仍应当对患者身体受到的损害承担医疗过失致人损害的民事赔偿责任。

## 12. 医疗事故技术鉴定与司法鉴定是一回事吗？

不是一回事。

（1）医疗事故技术鉴定是为医疗卫生行政部门处理医疗纠纷与医疗事故提供技术服务，属于行政鉴定；司法鉴定是为医疗损害赔偿民事诉讼、医疗纠纷与事故行政处理引发的行政诉讼以及涉嫌“医疗事故罪”的刑事诉讼提供技术服务，属于医疗过错鉴定。

(2) 医疗事故技术鉴定只有卫生行政部门移交和当事人共同委托医学会两种方式；司法鉴定的决定权在司法机关，只要诉讼过程中需要鉴定，都可以采取司法鉴定的方式进行。

(3) 医疗事故技术鉴定的委托方式：一是由卫生行政部门移交；二是由当事人双方共同委托。司法鉴定的启动方式有二：一是法院决定鉴定，由法院内的技术部门统一对外委托；二是申请鉴定，即由当事人向法院提出鉴定申请，法院同意后，双方当事人协商确定鉴定机构与鉴定人员，达不成一致的，由法院指定。

(4) 医疗事故技术鉴定只能由医学会组织医疗事故技术鉴定专家组进行，由医学会出具鉴定书，专家组成员无须在鉴定书上签名盖章，其鉴定书分析部分一般比较原则；司法鉴定则可由司法机关交由法定的鉴定机构进行，鉴定人需在鉴定书上签字或盖章，实行个人负责制，司法鉴定文书对争议焦点和鉴定结论的分析都十分详尽。

## 13. 什么是尸检？为什么要进行尸检？

尸检，也就是尸体解剖、尸体检验，是指对已经死亡的机体进行剖验以查明死亡原因的一种医学检验手段。尸体检验大致分两个步骤：一是直观的肉眼观察，二是显微镜下观察，有时还需对相关组织进行化验。尸检是查找逝者死因最直接、最科学的方法，如果想弄清事故原因，查清事故责任，就必须进行尸体检验。尸检对于解决死因不明或对死因有异议而发生的医疗事故争议具有其独特的无法替代的作用。尸体检验不仅能为医学技术鉴定和司法裁决提供直接的证据，还可以为医务人员诊疗护理实践进行反馈和总结经验，从而达到明确诊断、分清是非的目的，促进诊疗水平的提高。

在医疗纠纷的处理中，尸体检验更有其特殊的意义，通过尸体检验可以明确死亡原因，为医疗事故的妥善处理提供客观的依据。

## 14. 尸检应在患者死亡后多长时间内进行？拒绝尸检有什么后果？

《医疗事故处理条例》第 18 条明确规定：患者死亡，医患双方当事人不能确定死因或者对死因有异议的，应当在患者死亡后 48 小时内进行尸检；具备尸体冻存条件的，可以延长至 7 日。尸检应当经死者近亲属同意并签字。尸检应当由按照国家有关规定取得相应资格的机构和病理解剖专业技术人员进行。承担尸检任务的机构和病理解剖专业技术人员有进行尸检的义务。医疗事故争议双方当事人可以请法医病理学人员参加尸检，也可以委派代表观察尸检过程。

当死亡发生后，人体会出现一系列的死亡后改变，组织细胞发生形态学、化学方面的变化，自溶、腐败的发生会导致组织细胞结构的破坏，增加检验工作的难度，严重的甚至会直接影响到检验的结果。因此，尽快进行尸体检验对明确死亡原因是十分必要的。但医疗纠纷处理中，如果医方不能明确死亡原因；或是医方所出具的死亡原因，患者一方存在异议的情况下，只要具备进行尸体检验的条件就必须进行尸体检验。并且，《医疗事故处理条例》第 18 条规定：“拒绝或者拖延尸检，超过规定时间，影响对死因判定的，由拒绝或者拖延的一方承担责任。”

患者在医疗机构内死亡的，尸体应当立即移放太平间。死者尸体存放时间一般不得超过 2 周。逾期不处理的尸体，经医疗机构所在地卫生行政部门批准，并报经同级公安部门备案后，由医疗机构按照规定进行处理。

## 15. 尸检时家属是否可以在场?

为了保证尸检过程的公正性，家属是可以在场的，但考虑到家属往往不是医学专业人士，对解剖过程是否符合医学解剖程序难以作出专业判断，且对死者尸体进行解剖，其家属在感情上往往无法承受，故建议家属可以委派医生朋友或医疗律师观察尸检过程。

## 16. 尸检需要交纳费用吗？应当由谁来承担?

尸检需要交纳的费用包括：尸检费、尸体的运送费、保管费等。这些费用具体由谁承担、承担多少，是根据医疗事故技术鉴定的结果而确定的。

《医疗事故处理条例》第 34 条规定：“医疗事故技术鉴定，可以收取鉴定费用。经鉴定，属于医疗事故的，鉴定费用由医疗机构支付；不属于医疗事故的，鉴定费用由提出医疗事故处理申请的一方支付。鉴定费用标准由省、自治区、直辖市人民政府价格主管部门会同同级财政部门、卫生行政部门规定。”也就是说，根据鉴定结论是否属于医疗事故，尸检费用会有两种不同的承担方式。如果属于医疗事故的，与尸体检验相关的费用由医疗单位全部承担，死者家属或死者所在单位不用承担任何尸检有关的费用；如果不属于医疗事故的，医院只承担其中的尸检费，而其他的费用，如尸体的运送费、保管费等，则由死者家属或死者所在单位承担。

## 17. 医疗事故鉴定的作出需要多长时间?

按照《医疗事故处理条例》第 29 条规定，负责组织医疗事故技术鉴定工作的医学会应当自接到当事人提交的有关医疗事故技术鉴定的材料、书面陈述及答辩之日起 45 日内组织鉴定并出具医疗事故技术鉴定书。这一时限性规定确保了鉴定的效率，体现了迅速、高效的原则。

## 18. 医疗事故技术鉴定文书包括哪些具体内容?

医疗事故技术鉴定书应当包括下列主要内容：

（1）双方当事人的基本情况及要求；

（2）当事人提交的材料和负责组织医疗事故技术鉴定工作的医学会的调查材料；

（3）对鉴定过程的说明；

（4）医疗行为是否违反医疗卫生管理法律、行政法规、部门规章和诊疗护理规范、常规；

（5）医疗过失行为与人身损害后果之间是否存在因果关系；

（6）医疗过失行为在医疗事故损害后果中的责任程度；

（7）医疗事故等级；

（8）对医疗事故患者的医疗护理医学建议。

根据《医疗事故技术鉴定暂行办法》中的有关规定：医疗事故技术鉴定书应当根据鉴定结论作出，其文稿由专家鉴定组组长签发。医疗事故技术鉴定书盖医学会医疗事故技术鉴定专用印章。医学会应当及时将医疗事故技术鉴定书送达移交鉴定的卫生行政部门。经卫生行政部门审核，对符合规定作出的医疗事故技术鉴定结论，应当及时送达双方当事人；由双方当事人共同委托的，直接送达双方当事人。经鉴定为医疗事故的，鉴定结论应当包括上款（4）至（8）项内容；经鉴定不属于医疗事故的，应当在鉴定结论中说明理由。

医疗事故技术鉴定书格式由中华医学会统一制定。

## 19. 何种情况下，法医应当参加医疗事故技术鉴定?

根据《医疗事故处理条例》的规定，患者死亡原因不明和需要确定患者伤残等级的，应当有法医参加鉴定专家组。因为：（1）法医参加医疗事故技术鉴定可以充分发挥法医学，尤其是法医病理学、临床法医学等专业特点，有助于增加鉴定结论的准确性。（2）法医特有的社会身份，使其游离于医疗事故争议的双方当事人之外，在一定程度上可以促使鉴定结论更加公正。

## 20. 在什么情况下应当对医疗事故重新鉴定？

依据《医疗事故处理条例》第 42 条以及《医疗事故技术鉴定暂行办法》第 39 条的规定，卫生行政部门经审核，对符合本条例规定作出的医疗事故技术鉴定结论，应当作为对发生医疗事故的医疗机构和医务人员作出行政处理以及进行医疗事故赔偿调解的依据；卫生行政部门审核认为参加鉴定的人员资格和专业类别或者鉴定程序不符合规定，需要重新鉴定的，医学会应当重新组织鉴定。

## 21. 重新鉴定是否收费？重新鉴定由谁进行？

重新鉴定时不得收取鉴定费。如参加鉴定的人员资格和专业类别不符合规定的，应当重新抽取专家，组成专家鉴定组进行重新鉴定；如鉴定的程序不符合规定而参加鉴定的人员资格和专业类别符合规定的，可以由原专家鉴定组进行重新鉴定。

## 22. 患者一方对首次医疗事故技术鉴定不服应当怎么办？

《医疗事故处理条例》第 22 条规定：当事人对首次医疗事故技术鉴定结论不服的，可以自收到首次鉴定结论之日起 15 日内向医疗机构所在地卫生行政部门提出再次鉴定的申请。《医疗事故技术鉴定暂行办法》进一步规定：任何一方当事人对首次医疗事故技术鉴定结论不服的，可以自收到首次医疗事故技术鉴定书之日起15日内，向原受理医疗事故争议处理申请的卫生行政部门提出再次鉴定的申请，或由双方当事人共同委托省、自治区、直辖市医学会组织再次鉴定。

根据上述规定，医患双方当事人对首次医疗事故技术鉴定结论不服的，可以根据不同情况分别处理：（1）一方当事人对鉴定结论不服的，不服的一方可以按照《医疗事故处理条例》第22条的规定，自收到医疗事故技术鉴定结论之日起15日内，向医疗机构所在地卫生行政部门提出再次鉴定的申请，同时，要求卫生行政部门处理；也可以向人民法院起诉。再次鉴定仅需要当事人一方提出即可，另一方当事人不予配合，影响医疗事故技术鉴定的，按照《医疗事故处理条例》第30条规定，由不予配合的一方承担责任。（2）双方当事人对鉴定结论均不服的，可以自收到首次鉴定结论之日起15日内，共同向承担再次鉴定工作的地方医学会委托再次鉴定，也可以分别向人民法院起诉。根据《医疗事故处理条例》第39条的规定，卫生行政部门自收到再次鉴定申请之日起7日内，应当交由省级地方医学会组织再次鉴定。

需要提醒的是，申请再次鉴定应当另行支付鉴定费，如果再次鉴定时当事人拒绝交纳鉴定费，可视为申请无效。

另外，由于我国医疗纠纷鉴定的“双轨制”，如果当事人对医疗事故技术鉴定不满，还可以转而申请司法鉴定。

## 23. 不服医疗事故技术鉴定结论，当事人能不能起诉医学会？

不服医疗事故技术鉴定结论，当事人不能够通过行政诉讼或者民事诉讼途径起诉医学会或者鉴定人。只能通过卫生行政部门对参加医疗事故技术鉴定的人员资格和专业类别、鉴定程序进行审核，必要时，由卫生行政部门组织调查，听取医疗事故争议双方当事人的意见。

## 24. 什么是医疗事故等级？医疗事故划分为几个等级？

医疗事故等级，是为正确处理医疗纠纷，保护患者和医疗机构及其医务人员的合法权益，按照卫生部 2002 年 7 月通过的《医疗事故分级标准（试行）》确定的基本原则和实际情况具体对患者人身造成的损害程度作出的划分。它是确定医疗事故民事赔偿数额的重要因素，但并不是唯一因素。医疗事故等级是按照损害后果划分的，可以说损害后果是划分医疗事故等级的唯一标准。医疗事故等级的划分影响着对患者的赔偿数额，同时医疗事故等级是卫生行政部门对发生医疗事故的医疗机构和有关医务人员进行行政处罚的依据。

需要说明的是，可能会有人认为，一级医疗事故肯定会比二级、三级医疗事故得到更多的赔偿，但实际情况并非如此，赔偿数额要依据损害后果、责任程度等多种因素综合评价。

根据《医疗事故处理条例》第 4 条的规定，根据对患者人身造成的损害程度，将医疗事故划分为四级：一级医疗事故，造成患者死亡、重度残疾的；二级医疗事故，造成患者中度残疾、器官组织损伤导致严重功能障碍的；三级医疗事故，造成患者轻度残疾、器官组织损伤导致一般功能障碍的；四级医疗事故，造成患者明显人身损害的其他后果的。

## 25. 什么是一级医疗事故？如何判断？

所谓一级医疗事故，是指造成患者死亡、重度残疾。一级医疗事故又可以分为甲、乙两等。其中，一级甲等医疗事故指造成患者死亡；一级乙等医疗事故，指造成患者重要器官缺失或功能完全丧失，其他器官不能代偿，存在特殊医疗依赖，生活完全不能自理。例如造成患者下列情形之一的：（1）植物人状态；（2）极重度智能障碍；（3）临床判定不能恢复的昏迷；（4）临床判定自主呼吸功能完全丧失，不能恢复，靠呼吸机维持；（5）四肢瘫，肌力0级（即指患者在做动作时肌力毫无收缩），临床判定不能恢复。

## 26. 什么是二级医疗事故？如何判断？

所谓二级医疗事故，是指造成患者中度残疾、器官组织损伤导致严重功能障碍。二级医疗事故又分为甲、乙、丙、丁四等。

二级甲等医疗事故是指造成患者器官缺失或功能完全丧失，其他器官不能代偿，可能存在特殊医疗依赖，或生活大部分不能自理。例如造成患者下列情形之一的：（1）双眼球摘除或双眼经客观检查证实无光感；（2）小肠缺失90%以上，功能完全丧失；（3）双侧有功能肾脏缺失或孤立有功能肾缺失，用透析替代治疗；（4）四肢肌力Ⅱ级（二级）以下（含Ⅱ级），临床判定不能恢复；（5）上肢一侧腕上缺失或一侧手功能完全丧失，不能装配假肢，伴下肢双膝以上缺失。

二级乙等医疗事故是指造成患者存在器官缺失、严重缺损、严重畸形情形之一，有严重功能障碍，可能存在特殊医疗依赖，或生活大部分不能自理。例如造成患者下列情形之一的：

（1）重度智能障碍；

（2）单眼球摘除或经客观检查证实无光感，另眼球结构损伤，闪光视觉诱发电位（VEP）P100波潜时延长 >160ms（毫秒），矫正视力 <0.02，视野半径 <5°；

（3）双侧上颌骨或双侧下颌骨完全缺失；

（4）一侧上颌骨及对侧下颌骨完全缺失，并伴有颜面软组织缺损大于 $30cm^2$；

（5）一侧全肺缺失并需胸改术；

（6）肺功能持续重度损害；

（7）持续性心功能不全，心功能四级；

（8）持续性心功能不全，心功能三级伴有不能控制的严重心律失常；

（9）食管闭锁，摄食依赖造瘘；

（10）肝缺损3/4，并有肝功能重度损害；

（11）胆道损伤致肝功能重度损害；

（12）全胰缺失；

（13）小肠缺损大于3/4，普通膳食不能维持营养；

（14）肾功能部分损害不全失代偿；

（15）两侧睾丸、副睾丸缺损；

（16）阴茎缺损或性功能严重障碍；

（17）双侧卵巢缺失；

（18）未育妇女子宫全部缺失或大部分缺损；

（19）四肢瘫，肌力Ⅲ级（三级）或截瘫、偏瘫，肌力Ⅲ级以下，临床判定不能恢复；

（20）双上肢腕关节以上缺失、双侧前臂缺失或双手功能完全丧失，不能装配假肢；

（21）肩、肘、髋、膝关节中有四个以上（含四个）关节功能完全丧失；

（22）重型再生障碍性贫血（Ⅰ型）。

二级丙等医疗事故是指造成患者存在器官缺失、严重缺损、明显畸形情形之一，有严重功能障碍，可能存在特殊医疗依赖，或生活部分不能自理。例如造成患者下列情形之一的：

（1）面部重度毁容；

（2）单眼球摘除或客观检查无光感，另眼球结构损伤，闪光视觉诱发电位（VEP）>155ms（毫秒），矫正视力<0.05，视野半径<10°；

（3）一侧上颌骨或下颌骨完全缺失，伴颜面部软组织缺损大于 $30cm^2$；

（4）同侧上下颌骨完全性缺失；

（5）双侧甲状腺或孤立甲状腺全缺失；

（6）双侧甲状旁腺全缺失；

（7）持续性心功能不全，心功能三级；

（8）持续性心功能不全，心功能二级伴有不能控制的严重心律失常；

（9）全胃缺失；

（10）肝缺损 2/3，并肝功能重度损害；

（11）一侧有功能肾缺失或肾功能完全丧失，对侧肾功能不全代偿；

（12）永久性输尿管腹壁造瘘；

（13）膀胱全缺失；

（14）两侧输精管缺损不能修复；

（15）双上肢肌力Ⅳ级（四级），双下肢肌力 0 级，临床判定不能恢复；

（16）单肢两个大关节（肩、肘、腕、髋、膝、踝）功能完全丧失，不能行关节置换；

（17）一侧上肢肘上缺失或肘、腕、手功能完全丧失，不能手术重建功能或装配假肢；

（18）一手缺失或功能完全丧失，另一手功能丧失 50% 以上，不能手术重建功能或装配假肢；

（19）一手腕上缺失，另一手拇指缺失，不能手术重建功能或装配假肢；

（20）双手拇、食指均缺失或功能完全丧失无法矫正；

（21）双侧膝关节或者髋关节功能完全丧失，不能行关节置换；

（22）一下肢膝上缺失，无法装配假肢；

（23）重型再生障碍性贫血（Ⅱ型）。

二级丁等医疗事故是指造成患者存在器官缺失、大部分缺损、畸形情形之一，有严重功能障碍，可能存在一般医疗依赖，生活能自理。例如造成患者下列情形之一的：

（1）中度智能障碍；

（2）难治性癫痫；

（3）完全性失语，伴有神经系统客观检查阳性所见；

（4）双侧重度周围性面瘫；

（5）面部中度毁容或全身瘢痕面积大于70%；

（6）双眼球结构损伤，较好眼闪光视觉诱发电位（VEP）>155ms（毫秒），矫正视力<0.05，视野半径<10°；

（7）双耳经客观检查证实听力在原有基础上损失大于91dBHL（分贝）；

（8）舌缺损大于全舌2/3；

（9）一侧上颌骨缺损1/2，颜面部软组织缺损大于$20cm^2$；

（10）下颌骨缺损长6cm以上的区段，口腔、颜面软组织缺损大于$20cm^2$；

（11）甲状旁腺功能重度损害；

（12）食管狭窄只能进流食；

（13）吞咽功能严重损伤，依赖鼻饲管进食；

（14）肝缺损2/3，功能中度损害；

（15）肝缺损1/2伴有胆道损伤致严重肝功能损害；

（16）胰缺损，胰岛素依赖；

（17）小肠缺损2/3，包括回盲部缺损；

（18）全结肠、直肠、肛门缺失，回肠造瘘；

（19）肾上腺功能明显减退；

（20）大、小便失禁，临床判定不能恢复；

（21）女性双侧乳腺缺失；

（22）单肢肌力Ⅱ级（二级），临床判定不能恢复；

（23）双前臂缺失；

（24）双下肢瘫；

（25）一手缺失或功能完全丧失，另一手功能正常，不能手术重建功能或装配假肢；

（26）双拇指完全缺失或无功能；

（27）双膝以下缺失或无功能，不能手术重建功能或装配假肢；

（28）一侧下肢膝上缺失，不能手术重建功能或装配假肢；

（29）一侧膝以下缺失，另一侧前足缺失，不能手术重建功能或装配假肢；

（30）双足全肌瘫，肌力Ⅱ级（二级），临床判定不能恢复。

## 27. 什么是三级医疗事故？如何判断？

所谓三级医疗事故，是指造成患者轻度残疾、器官组织损伤导致一般功能障碍。三级医疗事故又可以分为甲、乙、丙、丁、戊五等。

三级甲等医疗事故是指造成患者存在器官缺失、大部分缺损、畸形情形之一，有较重功能障碍，可能存在一般医疗依赖，生活能自理。例如造成患者下列情形之一的：

（1）不完全失语并伴有失用、失写、失读、失认之一者，同时有神经系统客观检查阳性所见；

（2）不能修补的脑脊液瘘；

（3）尿崩，有严重离子紊乱，需要长期依赖药物治疗；

（4）面部轻度毁容；

（5）面颊部洞穿性缺损大于 $20cm^2$；

（6）单侧眼球摘除或客观检查无光感，另眼球结构损伤，闪光视觉诱发电位（VEP）>150ms（毫秒），矫正视力0.05—0.1，视野半径<15°；

（7）双耳经客观检查证实听力在原有基础上损失大于81dbHL（分贝）；

（8）鼻缺损1/3以上；

（9）上唇或下唇缺损大于1/2；

（10）一侧上颌骨缺损1/4或下颌骨缺损长4cm以上区段，伴口腔、颜面软组织缺损大于$10cm^2$；

（11）肺功能中度持续损伤；

（12）胃缺损3/4；

（13）肝缺损1/2伴较重功能障碍；

（14）慢性中毒性肝病伴较重功能障碍；

（15）脾缺失；

（16）胰缺损2/3造成内、外分泌腺功能障碍；

（17）小肠缺损2/3，保留回盲部；

（18）尿道狭窄，需定期行尿道扩张术；

（19）直肠、肛门、结肠部分缺损，结肠造瘘；

（20）肛门损伤致排便障碍；

（21）一侧肾缺失或输尿管狭窄，肾功能不全代偿；

（22）不能修复的尿道瘘；

（23）膀胱大部分缺损；

（24）双侧输卵管缺失；

（25）阴道闭锁丧失性功能；

（26）不能修复的Ⅲ度（三度）会阴裂伤；

（27）四肢瘫，肌力Ⅳ级（四级），临床判定不能恢复；

（28）单肢瘫，肌力Ⅲ级（三级），临床判定不能恢复；

（29）肩、肘、腕关节之一功能完全丧失；

（30）利手全肌瘫，肌力Ⅲ级（三级），临床判定不能恢复；

（31）一手拇指缺失，另一手拇指功能丧失50%以上；

（32）一手拇指缺失或无功能，另一手除拇指外三指缺失或无功能，不能手术重建功能；

(33) 双下肢肌力Ⅲ级（三级）以下，临床判定不能恢复；大、小便失禁；

(34) 下肢双膝以上缺失伴一侧腕上缺失或手功能部分丧失，能装配假肢；

(35) 一髋或一膝关节功能完全丧失，不能手术重建功能；

(36) 双足全肌瘫，肌力Ⅲ级（三级），临床判定不能恢复；

(37) 双前足缺失；

(38) 慢性再生障碍性贫血。

三级乙等医疗事故是指造成患者器官大部分缺损或畸形，有中度功能障碍，可能存在一般医疗依赖，生活能自理。例如造成患者下列情形之一的：

(1) 轻度智能减退；

(2) 癫痫中度；

(3) 不完全性失语，伴有神经系统客观检查阳性所见；

(4) 头皮、眉毛完全缺损；

(5) 一侧完全性面瘫，对侧不完全性面瘫；

(6) 面部重度异常色素沉着或全身瘢痕面积达60%—69%；

(7) 面部软组织缺损大于20cm$^2$；

(8) 双眼球结构损伤，较好眼闪光视觉诱发电位（VEP）>150ms（毫秒），矫正视力0.05—0.1，视野半径<15°；

(9) 双耳经客观检查证实听力损失大于71dBHL（分贝）；

(10) 双侧前庭功能丧失，睁眼行走困难，不能并足站立；

(11) 甲状腺功能严重损害，依赖药物治疗；

(12) 不能控制的严重器质性心律失常；

(13) 胃缺损2/3伴轻度功能障碍；

(14) 肝缺损1/3伴轻度功能障碍；

(15) 胆道损伤伴轻度肝功能障碍；

(16) 胰缺损1/2；

(17) 小肠缺损1/2（包括回盲部）；

（18）腹壁缺损大于腹壁1/4；

（19）肾上腺皮质功能轻度减退；

（20）双侧睾丸萎缩，血清睾丸酮水平低于正常范围；

（21）非利手全肌瘫，肌力Ⅳ级（四级），临床判定不能恢复，不能手术重建功能；

（22）一拇指完全缺失；

（23）双下肢肌力Ⅳ级（四级），临床判定不能恢复。大、小便失禁；

（24）一髋或一膝关节功能不全；

（25）一侧踝以下缺失或一侧踝关节畸形，功能完全丧失，不能手术重建功能；

（26）双足部分肌瘫，肌力Ⅳ级（四级），临床判定不能恢复，不能手术重建功能；

（27）单足全肌瘫，肌力Ⅳ级，临床判定不能恢复，不能手术重建功能。

三级丙等医疗事故是指造成患者器官大部分缺损或畸形，有轻度功能障碍，可能存在一般医疗依赖，生活能自理。例如造成患者下列情形之一的：

（1）不完全性失用、失写、失读、失认之一者，伴有神经系统客观检查阳性所见；

（2）全身瘢痕面积50%—59%；

（3）双侧中度周围性面瘫，临床判定不能恢复；

（4）双眼球结构损伤，较好眼闪光视觉诱发电位（VEP）>140ms（毫秒），矫正视力0.01—0.3，视野半径<20°；

（5）双耳经客观检查证实听力损失大于56dbHL（分贝）；

（6）喉保护功能丧失，饮食时呛咳并易发生误吸，临床判定不能恢复；

（7）颈颏粘连，影响部分活动；

（8）肺叶缺失伴轻度功能障碍；

(9) 持续性心功能不全，心功能二级；

(10) 胃缺损1/2伴轻度功能障碍；

(11) 肝缺损1/4伴轻度功能障碍；

(12) 慢性轻度中毒性肝病伴轻度功能障碍；

(13) 胆道损伤，需行胆肠吻合术；

(14) 胰缺损1/3伴轻度功能障碍；

(15) 小肠缺损1/2伴轻度功能障碍；

(16) 结肠大部分缺损；

(17) 永久性膀胱造瘘；

(18) 未育妇女单侧乳腺缺失；

(19) 未育妇女单侧卵巢缺失；

(20) 育龄已育妇女双侧输卵管缺失；

(21) 育龄已育妇女子宫缺失或部分缺损；

(22) 阴道狭窄不能通过二横指；

(23) 颈部或腰部活动度丧失50%以上；

(24) 腕、肘、肩、踝、膝、髋关节之一丧失功能50%以上；

(25) 截瘫或偏瘫，肌力Ⅳ级（四级），临床判定不能恢复；

(26) 单肢两个大关节（肩、肘、腕、髋、膝、踝）功能部分丧失，能行关节置换；

(27) 一侧肘上缺失或肘、腕、手功能部分丧失，可以手术重建功能或装配假肢；

(28) 一手缺失或功能部分丧失，另一手功能丧失50%以上，可以手术重建功能或装配假肢；

(29) 一手腕上缺失，另一手拇指缺失，可以手术重建功能或装配假肢；

(30) 一手全肌瘫，肌力Ⅳ级（四级），临床判定不能恢复；

(31) 单手部分肌瘫，肌力Ⅲ级（三级），临床判定不能恢复；

（32）除拇指外3指缺失或功能完全丧失；

（33）双下肢长度相差4cm以上；

（34）双侧膝关节或者髋关节功能部分丧失，可以行关节置换；

（35）单侧下肢膝上缺失，可以装配假肢；

（36）双足部分肌瘫，肌力Ⅲ级（三级），临床判定不能恢复；

（37）单足全肌瘫，肌力Ⅲ级（三级），临床判定不能恢复。

三级丁等医疗事故是指造成患者器官部分缺损或畸形，有轻度功能障碍，无医疗依赖，生活能自理。例如造成患者下列情形之一的：

（1）边缘智能；

（2）发声及言语困难；

（3）双眼结构损伤，较好眼闪光视觉诱发电位（VEP）>130ms（毫秒），矫正视力0.3—0.5，视野半径<30°；

（4）双耳经客观检查证实听力损失大于41dbHL（分贝）或单耳大于91dbHL（分贝）；

（5）耳郭缺损2/3以上；

（6）器械或异物误入呼吸道需行肺段切除术；

（7）甲状旁腺功能轻度损害；

（8）肺段缺损，轻度持续肺功能障碍；

（9）腹壁缺损小于1/4；

（10）一侧肾上腺缺失伴轻度功能障碍；

（11）一侧睾丸、附睾缺失伴轻度功能障碍；

（12）一侧输精管缺损，不能修复；

（13）一侧卵巢缺失，一侧输卵管缺失；

（14）一手缺失或功能完全丧失，另一手功能正常，可以手术重建功能及装配假肢；

（15）双大腿肌力近Ⅴ级（五级），双小腿肌力Ⅲ级（三级）以下，且临床判定不能恢复，大、小便轻度失禁；

（16）双膝以下缺失或无功能，可以手术重建功能或装配假肢；

（17）单侧下肢膝上缺失，可以手术重建功能或装配假肢；

（18）一侧膝以下缺失，另一侧前足缺失，可以手术重建功能或装配假肢。

三级戊等医疗事故是指造成患者器官部分缺损或畸形，有轻微功能障碍，无医疗依赖，生活能自理。例如造成患者下列情形之一的：

（1）脑叶缺失后轻度智力障碍；

（2）发声或言语不畅；

（3）双眼结构损伤，较好眼闪光视觉诱发电位（VEP）>120ms（毫秒），矫正视力<0.6，视野半径<50°；

（4）泪器损伤，手术无法改进溢泪；

（5）双耳经客观检查证实听力在原有基础上损失大于31dbHL（分贝）或一耳听力在原有基础上损失大于71dbHL（分贝）；

（6）耳郭缺损大于1/3而小于2/3；

（7）甲状腺功能低下；

（8）支气管损伤需行手术治疗；

（9）器械或异物误入消化道，需开腹取出；

（10）一拇指指关节功能不全；

（11）双小腿肌力Ⅳ级（四级），临床判定不能恢复；大、小便轻度失禁；

（12）手术后当时引起脊柱侧弯30度以上；

（13）手术后当时引起脊柱后凸成角（胸段大于60度，胸腰段大于30度，腰段大于20度以上）；

（14）原有脊柱、躯干或肢体畸形又严重加重；

（15）损伤重要脏器，修补后功能有轻微障碍。

### 28. 什么是四级医疗事故？如何判断？

所谓四级医疗事故，是指造成患者明显人身损害的其他后果的医疗事故。例如造成患者下列情形之一的：

（1）双侧轻度不完全性面瘫，无功能障碍；

（2）面部轻度色素沉着或脱失；

（3）一侧眼睑有明显缺损或外翻；

（4）拔除健康恒牙；

（5）器械或异物误入呼吸道或消化道，需全麻后内窥镜下取出；

（6）口周及颜面软组织轻度损伤；

（7）非解剖变异等因素，拔除上颌后牙时牙根或异物进入上颌窦需手术取出；

（8）组织、器官轻度损伤，行修补术后无功能障碍；

（9）一拇指末节 1/2 缺损；

（10）一手除拇指、食指外，有两指近侧指间关节无功能；

（11）一足拇趾末节缺失；

（12）软组织内异物滞留；

（13）体腔遗留异物已包裹，无须手术取出，无功能障碍；

（14）局部注射造成组织坏死，成人大于体表面积 2%，儿童大于体表面积 5%；

（15）剖宫产术引起胎儿损伤；

（16）产后胎盘残留引起大出血，无其他并发症。

## （二）医疗纠纷的赔偿标准与赔偿范围

### 1. 医疗纠纷有没有赔偿标准？

在医疗纠纷的解决中，患方最关心的是最终能获得多少赔偿。医疗纠纷的赔偿标准有两种：医疗事故赔偿标准和一般医疗损害赔偿标准。适用哪种标准是根据损害后果的性质确定的，也就是说，当经过鉴定构成医疗事故时，按照医疗事故赔偿标准计算，其他情况按照一般医疗损害赔偿标准计算。理论界称之为“赔偿标准的双轨制”。

一般医疗损害赔偿和医疗事故损害赔偿在法律适用、医疗鉴定、赔偿项目、计算方法和赔偿数额方面有很大不同。

首先，在法律适用方面：审理一般医疗损害赔偿案件要适用《民法通则》、最高人民法院《关于民事诉讼证据的若干规定》和最高人民法院《关于审理人身损害赔偿案件适用法律若干问题的解释》的有关规定；而审理医疗事故损害赔偿案件则要适用《医疗事故处理条例》及配套的法规文件。

其次，在医疗鉴定方面：医疗事故损害赔偿案件一律需要医疗事故技术鉴定，而一般医疗损害赔偿案件则可能需要司法鉴定。

最后，在损害赔偿方面：一般医疗损害赔偿和医疗事故损害赔偿的最显著的区别表现在赔偿项目、赔偿系数和赔偿数额上的不同。(1）赔偿项目。医疗事故损害赔偿包括 11 项，而一般医疗损害赔偿包括 12 项，二者除了在项目计算上存在差异外，后者较前者还增加一项“死亡赔偿金”。(2）赔偿系数。医疗事故损害赔偿要考虑责任程度、原发疾病、事故等级等因素，而一般医疗损害赔偿则要考虑过失参与度、责任程度、损害结果、因果关系、收入差异等因素。虽然根据民法原则，上述所有因素都是广义人身损害赔偿纠纷中需要考虑的法律情节，但从我国现行法律规定和司法实践看，二者确实存在明显区别。为确定医疗损害赔偿数额，应当综合考虑医疗过失行为在医疗损害后果中的责任程度、医疗损害后果与患者原有疾病状况之间的关系及医疗风险状况等因素。(3）赔偿数额。确定医疗事故损害赔偿标准，应当参照《医疗事故处理条例》第 49 条至第 52 条的规定；如参照《医疗事故处理条例》处理将使患者所受损失无法得到基本补偿的，可以适用《民法通则》及相关司法解释的规定适当提高赔偿数额。确定一般医疗损害赔偿标准，应当适用《民法通则》及相关司法解释的规定。

## 2. 什么是医疗事故赔偿标准？确定医疗事故赔偿数额时应当考虑哪些因素？

医疗事故赔偿标准是指经鉴定构成医疗事故后，依据《医疗事故处理条例》规定的赔偿项目、计算方法和标准，结合应当考虑的各种因素来确定的赔偿额度。

医疗事故的赔偿项目包括：医疗费、误工费、住院伙食补助费、陪护费、残疾生活补助费、残废用具费、丧葬费、被扶养人生活费、交通费、住宿费以及精神损害抚慰金。

《医疗事故处理条例》第49条规定：“医疗事故赔偿，应当考虑下列因素，确定具体赔偿数额：（一）医疗事故等级；（二）医疗过失行为在医疗事故损害后果中的责任程度；（三）医疗事故损害后果与患者原有疾病状况之间的关系。不属于医疗事故的，医疗机构不承担责任。”《医疗事故处理条例》确立了在处理医疗事故赔偿争议中，确定医疗事故具体赔偿数额的四项基本原则，即赔偿数额与事故等级相适应的原则；赔偿数额与责任程度相适应的原则；赔偿数额与病损关系相适应的原则；非医疗事故不赔偿的原则。因此，医疗纠纷无论采取何种途径解决，往往也要考虑《医疗事故处理条例》的上述因素。

（1）根据医疗事故等级确定残疾生活补助费即被扶养人生活费赔偿比例。《医疗事故分级标准（试行）》从最高的一级甲等，依次下降到三级戊等，直到最低的四级，医疗事故共分为十一级。前十级的残疾赔偿指数分别从100%依次降低到10%，四级医疗事故的残疾赔偿指数为0，即不赔偿残疾生活补助费和被扶养人生活费。

(2) 医疗过失行为与医疗事故损害后果之间的责任程度。科学合理地确定医疗过失行为在医疗事故损害后果中所占的比例，也就是“责任程度”，并根据此比例确定医方对患者损害后果实际承担的经济赔偿。即无责不赔，全责100%赔，从次要责任、同等责任到主要责任，分别乘以相应的责任比例，确定赔偿数额。

(3) 医疗事故损害后果与患者原有疾病状况之间的关系。该因素实质上在于解决医疗事故赔偿责任时赔偿额的计算问题，因为患者及其家属提出的各种费用中，可能既包括为治疗其自身原有疾病而支出的医疗费、交通费、陪护费等，也包括治疗因医方过失造成的损害而支出的医疗费、交通费、陪护费等，在确定民事损害赔偿范围时，由于患者为自身原有疾病而支出的费用并非是由于医方过失行为而造成的，所以必须从损害赔偿费用中加以扣除。

## 3. 什么是医疗过失责任程度？它在确定医疗赔偿数额时发挥什么作用？

医疗过失责任程度，作为确定医疗事故赔偿金数额应当考虑的三个重要因素之一，是指医疗过失行为在医疗事故损害后果中的责任比重，也是医疗过失行为与医疗事故损害后果之间的法律因果关系。

医疗行为本身是一种高风险的技术行为，且医疗过失行为与医疗事故损害后果之间的因果关系有一因一果、一因多果、多因一果和多因多果的复杂情形。造成患者人身损害的并非都是由于医疗过失行为直接造成的，还受医疗行为风险、患者疾病发展、医学科学和技术手段局限性等相关因素及条件的影响，因而，在确定医疗事故时要考虑医方医疗过失行为与医疗事故损害后果之间的因果关系，在确定医疗事故赔偿数额时更应当科学合理地确定医疗过失行为在医疗事故损害后果中所占的比例，也就是医疗过失责任程度。

## 4. 什么是一般医疗损害赔偿标准?

过失医疗行为侵犯患者生命、健康或身体权，未经医疗事故鉴定，或者经过鉴定不构成医疗事故，但构成医疗差错的，赔偿标准不依据《医疗事故处理条例》，而是依据《民法通则》及最高人民法院《关于审理人身损害赔偿案件适用法律若干问题的解释》的规定确定赔偿项目、计算方法和标准。

一般医疗损害赔偿项目包括：医疗费、误工费、交通费、住院伙食补助费、营养费、残疾赔偿金、残废辅助器具费、丧葬费、被扶养人生活费、死亡赔偿金以及精神损害抚慰金。

一般医疗损害赔偿的数额同医疗事故一样，也要考虑三个因素。其中，关于过失医疗行为与人身损害后果的参与度，在综合考虑原有疾病因素的情况下，由司法鉴定部门对医方的责任比例作出鉴定。

## 5. 医疗事故赔偿标准和一般医疗损害赔偿标准可以相互参照吗?

最高人民法院《关于参照〈医疗事故处理条例〉审理医疗纠纷民事案件的通知》规定，人民法院审理医疗纠纷案件计算赔偿费，需参照《医疗事故处理条例》的相关规定。因 2002 年实施的《医疗事故处理条例》与 2004 年实施的《关于审理人身损害赔偿案件适用法律若干问题的解释》相比，有的赔偿项目规定不尽合理，尤其是对残疾护理费不予赔偿，故而司法实践中在计算医疗事故案件赔偿费时会参照最高人民法院《关于审理人身损害赔偿案件适用法律若干问题的解释》。

## 6. 医疗损害致人一般损害的赔偿范围是什么？

医疗损害致人一般损害的赔偿范围应包括以下赔偿项目：

（1）医疗费的赔偿：受害患者接受必需的医学检查、治疗和康复所必需的费用，原则上仅包括患者在医疗损害发生后，为救治损害后果而支出的医疗费用，不包括治疗原发病所必需的费用。主要包括：①挂号费；②检验费；③医药费；④治疗费；⑤住院费。医疗事故往往发生在诊断治疗病人原有疾病的过程中，因此，正常的诊断治疗疾病的费用与医疗事故损害所致的费用很难明确划分，但是，确定为医疗事故的，病人的医疗费一般已由当事医院减免，并且在造成一般性损害的医疗事故中，病人通常仍在原医院治疗，因此不涉及转院及由此而来的病人盲目扩大支出问题。所以说一般损害的医疗费赔偿问题是比较简单的。

（2）误工费的赔偿：病人确因医疗事故延长住院及病休时间，应当给予病人误工的工资。误工时间的确定有四种情况：①身体损害不影响正常工作但需要定期检查，检查当日的误工费。②因医疗损害不能正常工作，但经过治疗后痊愈的，误工时间应从医疗损害发生之日起计算到痊愈之日止。③因医疗损害导致不能治愈的伤残的，误工时间应从医疗损害发生之日起计算到定残之日止。自定残日起开始计付残疾生活补助费。④受害人因医疗损害治疗无效死亡的，误工时间从医疗损害发生之日起计算到死亡之日止。自死亡之日开始计付扶养费、赡养费。

患者正当收入标准的确定：病人遭受医疗损害前有固定收入的，按实际固定收入计算。没有固定收入的，按医疗事故发生地上一年度职工平均工资计算；对收入高于医疗事故发生地上一年度职工平均工资三倍以上的，按三倍计算。最高人民法院《关于贯彻执行〈中华人民共和国民法通则〉若干问题的意见（试行）》规定：受害人误工费赔偿费用的标准，可以按照受害人的工资标准或者实际收入的数额计算。受害人是承包经营户或者个体工商户的，其误工费的计算标准，可以参照受害人一定期限内的平均收入酌定。《若干意见》的赔偿标准高于《医疗事故处理条例》规定的赔偿标准。

（3）护理费及陪护费的赔偿：因护理受害患者而造成的误工损失或雇佣必要的护理人员所支出的费用。计算护理费应根据具体伤情决定护理人数和护理时间，护理人数一般不超过两人，护理时间应限于病人因医疗损害生活不能自理或不能完全自理的期间。护理人员的报酬一般可参照误工费正当收入标准进行计算，雇人护理的，护理费的数额可参照当地统计部门公布的服务业平均收入计算。

《医疗事故处理条例》规定，患者住院期间需专人陪护的，按照医疗事故发生地上一年度职工平均工资计算。而最高人民法院《关于贯彻执行〈中华人民共和国民法通则〉若干问题的意见（试行）》第 145 条将此项费用称为“陪护人员的误工补助费”，规定“经医院批准专事护理的人，其误工补助费可以按收入的实际损失计算。应得奖金一般可以计算在应赔偿的数额内。本人没有工资收入的，其补偿标准应以当地的一般临时工的工资标准为限”。

（4）住院伙食补助费的赔偿：是对病人因医疗损害而额外延长住院治疗期间伙食费支出的合理补偿，每日补偿标准按照医疗事故发生地国家机关一般工作人员出差伙食补助标准计算。

（5）交通费、住宿费的赔偿：为治疗医疗损害所致人身体伤病，患者本人及必要的护理人员必须乘坐车、船和住宿所支出的费用。交通费按实际必需的交通费计算，住宿费按事故发生地国家机关一般工作人员出差住宿补助标准计算，凭据支付。

另外，《关于审理人身损害赔偿案件适用法律若干问题的解释》中还增加了“必要的营养费”和“精神损害抚慰金”，其中营养费根据受害人伤残情况参照医疗机构的意见确定。

## 7. 医疗损害致人伤残的赔偿范围是什么？

这种情况下的赔偿应当具备以下条件：（1）残疾评定必须在治疗终结后，其功能稳定，后遗症呈不可恢复状态且不可逆转地永久性存在。如果经治疗，机体功能还能够恢复，障碍只是暂时的而仅仅延长了治疗时间，就只能获得前一种情况的各项赔偿。（2）残疾赔偿必须采用科学的方法评定以后，以残疾等级、病人的年龄、劳动能力及病前收入、当地生活标准等指标作为确定赔偿具体数额的参数。对于医疗单位致人残疾的赔偿，首先应赔偿前述一般损害时应赔偿的各项费用，除此之外，还应当赔偿下列费用：

（1）残疾者生活补助费的赔偿。国外对这项赔偿有两种做法：一种是以病人残疾之前和残疾之后劳动收入的差额为标准来确定赔偿额；另一种是以病人劳动能力丧失程度来确定其应当得到的补偿数额。前者称为差额说，后者称为劳动能力丧失说。实际上两种方法均有不足之处。依差额说，残疾程度较轻的病人往往无法获得赔偿，另外，对无工作的未成年人，难以确定残疾后的经济利益损失。依据劳动能力丧失说，完全丧失劳动能力者，其实际得到的赔偿费往往反而低于残疾程度较轻者。我国立法和司法实践既往未采用差额说，也未采用劳动能力丧失说，而是在两学说之外确立了第三种标准——生活来源丧失标准。其理论依据是：病人因残疾而丧失劳动能力所造成的损害后果，是受害人因此而减少或者丧失的生活费。其法律依据是《民法通则》第119条："侵害公民身体造成伤害的，应当赔偿医疗费、因误工减少的收入、残废者生活补助费等费用。"最高人民法院《关于贯彻执行〈中华人民共和国民法通则〉若干问题的意见（试行）》第146条对上述规定又进一步具体化："侵害他人身体致使其丧失全部或者部分劳动能力的，赔偿的生活补助费一般应补足到不低于当地居民基本生活费的标准。”国务院《道路交通事故处理办法》第37条第5项也规定：“残疾者生活补助费：根据伤残等级，按照交通事故发生地平均生活费计算。”我国的做法有如下优点：一是标准明确，容易掌握，只要按当地居民平均生活费的标准赔偿即可。二是这种做法采用的是动态标准，因此可以长期适用，避免了因通货膨胀因素而不得不随时修改标准的麻烦以及频繁修改对法律严肃性和权威性的损害。

（2）伤残用具费的赔偿。为了使伤残者能够代偿部分功能障碍，部分恢复生活自理能力，可以根据伤残者的具体情况和实际需要，购置或定做必要的辅助用具，如轮椅、假肢、助听器等，这笔费用应当由当事医院负担。

（3）伤残者护理费的赔偿。程度较重的伤残者因生活不能自理，必须依赖他人护理者，应当根据护理依赖的等级考虑给予护理费的赔偿。生活自理能力包括五项内容：进食；翻身；大小便；穿衣洗澡；自我移动。对五项中的三项需要护理的，为一级护理依赖，须专人承担的，一般按当地临时工的工资赔偿。五项中有两项或一项需要护理的，分别为二级和三级护理依赖，护理费的赔偿应当根据实际需要酌情考虑。

（4）致残的间接受害人扶养费。所谓间接受害人，主要是指伤残者丧失劳动能力前所实际扶养的没有其他生活来源的配偶、子女、孙子女或父母、祖父母。具体的赔偿方法是：①对不满18周岁的人扶养到18岁；②对无劳动能力的人扶养20年，但50周岁以上的，年龄每增加1岁减少1年，最低不少于10年。赔偿标准一般是以当地居民生活困难补助费为准。这与伤残者自己的生活费赔偿标准是大不相同的。

（5）定残后依赖性治疗的医疗费赔偿。所谓依赖性治疗，是指伤残者确定性的不可逆转的残疾后，为保证生命存续仍须进行一些维持性的治疗。对这部分费用的赔偿，既可以大致测算若干年需要支出的数额，通过协商给予一次性赔偿；也可以协商，在每次实际治疗后补偿实际发生的费用。一般来讲，伤残者年龄较大、伤残程度较重的采用前种方式较为有利；反之，则采用后种方式较为有利。

## 8. 医疗损害致人死亡的赔偿范围是什么？

医院因其过失直接造成病人死亡的，损害赔偿的范围应当包括医疗事故抢救所支出的医疗费用，以及丧葬费、死者生前扶养人的生活补助费、死亡的补偿费。

（1）丧葬费的赔偿：丧葬费即安葬死亡病人所必须的费用，包括存尸费、葬礼费、火化费、办葬期间有关人员的合理的吃、住、交通等费用。

（2）死者生前扶养人的生活补助费：指靠死者扶养或靠死者提供生活来源的人。死者是唯一扶养人的，被扶养人的必须生活费用全部由当事医院负担；还有其他扶养人的，当事医院一般只负担死者生前负担的那部分。赔偿的具体方法也可参照《道路交通事故处理办法》的规定。

（3）死亡的补偿费：关于死亡补偿费，《民法通则》和最高人民法院的司法解释均未作出明确的规定。在理论界和司法实践中普遍认为，不赔偿死亡补偿费既不合情理，又显失公平。病人的突然死亡，必然给家属带来巨大的精神创伤，以及给家庭生活带来种种困难，甚至间接地引起其他的意外事件。但是，对死者家属给予补偿的法律依据和赔偿性质存在着不同看法。一种看法认为，应称为“死亡补偿费”，确定统一的补偿标准和赔偿年限予以补偿。另一种看法认为，给予“死亡补偿费”没有法律依据，应比照《民法通则》第 120 条的规定，给予一定的“死亡抚慰金”。还有其他一些法律中也有类似的规定，如《产品质量法》第 32 条规定因产品质量不合格造成他人死亡的，应支付“丧葬费”、“抚恤费”等费用。其中抚恤费就是侵害人支付给死者家属的一种抚慰、安抚的费用。《消费者权益保护法》第42条也规定了造成消费者死亡的，应支付“死亡赔偿金”。

## 9. 医疗费包括哪些？具体如何计算？

医疗费是指医疗事故对患者造成人身损害后，患者为了接受医学上的检查、治疗和康复所必须支出的费用。具体包括以下几个方面：

（1）挂号费。如果受害患者需要到其他大医院或专科医院进行治疗，就有可能要支付挂号费。凡是属于为了治疗患者所受人身损害而向医院支付的挂号费，包括医院门诊挂号费、专家门诊挂号费等，都应当属于医疗费的赔偿范围。

（2）医药费。患者为治疗所受人身伤害而支付的各种药费，包括中草药、中成药和西药。最高人民法院《关于贯彻执行〈中华人民共和国民法通则〉若干问题的意见（试行）》第144条规定：“医药治疗费的赔偿，一般应以所在地治疗医院的诊断证明和医药费、住院费的单据为凭。应经医务部门批准而未获批准擅自另找医院治疗的费用，一般不予赔偿；擅自购买与损害无关的药品或者治疗其他疾病的，其费用则不予赔偿。”

（3）检查费。患者为治疗所受人身伤害而支付的各种医疗检查费用，如CT检查费用、B超检查费用、透视检查费用等。

（4）治疗费。患者为治疗所受人身伤害而支付的各种治疗性的费用，例如换药、注射、理疗、化疗、矫形等费用。

（5）住院费。患者住院治疗其所受人身伤害而支付的各种相关费用，包括住院床位费、护理费、特护费等。

（6）其他医疗费用。例如进行器官移植的有关费用、聘请专家会诊的费用等。

需要注意的是，根据《医疗事故处理条例》的规定，医疗费应当按照医疗事故对患者造成的人身损害进行治疗所发生医疗费用计算，计算医疗费需要有医疗机构的收费凭证、医生的处方等。医疗费不包括患者治疗原发病所产生的医疗费用。

## 10. 什么是原发病医疗费用？

原发病医疗费用，是指与医疗过错行为无关、治疗患者原有疾病发生的医疗费费用。一般这项费用不应当由医方承担。但是如果医疗过错行为导致原发病复发或者加重，医方应当承担增加的医疗费用。

## 11. 后续治疗费用属于医疗费吗？

由于一般情况下，医疗事故对患者造成的人身损害不可能在医疗事故解决阶段治疗痊愈，对于医疗事故处理后患者需要继续治疗所发生的预期医疗费用，也可以计算在内。但根据《医疗事故处理条例》的规定，对于医疗事故赔偿争议案件结案后，确实需要再继续治疗的医疗费用，按照基本医疗费用支付。

最高人民法院《关于审理人身损害赔偿案件适用法律若干问题的解释》在第 19 条也对医疗费用作出了相关规定。该条确定了医疗费的赔偿原则、赔偿标准、赔偿数额的计算、举证责任规则等。赔偿原则是赔偿义务人赔偿受害人在遭受不法侵害时实际支出的医疗费，人民法院应当按照医疗机构出具的医药费、住院费等收款凭证并结合病历和诊断证明等相关证据确定医疗费的数额。采取“差额赔偿”的方法作为赔偿的标准，既包括已经支出的医疗费，还包括器官功能恢复训练所必需的康复费、适当的整容费以及将来可能发生的后续治疗费等。赔偿数额包括已经发生的费用，也包括将来发生的费用，采取“差额赔偿”与“定型化赔偿”的折中方案计算损失数额。已经发生的费用计算到一审法庭辩论终结前，将来发生的费用待实际发生后，由权利人另行起诉。

## 12. 如何计算误工费？误工费有无最高额的限制？

误工费，是指患者因治疗医疗事故造成的损害后果耽误其工作而损失的收入。误工费的计算，根据患者是否有固定收入，分两种情况。一种情况是患者有固定收入，其误工费按照本人因误工减少的固定收入计算；如患者的固定收入高于医疗事故发生地上一年度职工年平均工资3倍以上的，按照3倍计算。另一种情况是患者没有固定收入，其误工费按照医疗事故发生地上一年度职工平均工资计算。

最高人民法院《关于审理人身损害赔偿案件适用法律若干问题的解释》在第20条也对误工费作出了相关规定。该条主要规定了三个问题：（1）误工费的计算应当以其收入状况乘以误工时间。（2）误工的时间应当根据受害人自接受治疗到康复所需时间确定，其标准以相应医疗机构出具的证明为依据。受害人因伤致残或者死亡的，误工时间应当计算至定残之日的前一日或者按照实际误工时间计算。（3）根据受害人有无固定收入的不同情况，有固定收入的，以其实际减少的收入计；没有固定收入的，以其最近3年的平均收入确定；受害人无法证明其最近3年的平均收入状况的，参照受诉法院所在地相同或者相近行业上一年度职工的平均工资计算。

在司法实践中，适用上述规定时应注意：

第一，上述《解释》没有对误工费计算标准中实际收入作“最高倍数”限制。《医疗事故处理条例》第50条第（二）项则明确规定：“误工费：患者有固定收入的，按照本人因误工减少的固定收入计算，对收入高于医疗事故发生地上一年度职工年平均工资3倍以上的，按照3倍计算；无固定收入的，按照医疗事故发生地上一年度职工年平均工资计算。”

第二，如何理解“实际减少的收入”。受害人有固定收入的，赔偿数额按照实际减少的收入计算。这里有两个问题需要收集相关证据证明：（1）该固定收入须有合法证明。因固定收入主要体现在有固定工作的人员之上，所以，受害人能够提供供职单位的证明就可以了。（2）该固定收入必须是受害人实际减少的。也就是说，必须是受害人的实际损失。有些受害人受到损害后，其供职单位并不会扣发或者全部扣发其（工资）收入。对这部分受害人而言，不存在或者不存在全部的误工损失。另外，企业经营者的经营利益损失不属于误工损失的范围。

第三，关于无收入人员的误工费问题。《医疗事故处理条例》规定，无固定收入的，按照医疗事故发生地上一年度职工年平均工资计算。误工费的赔偿应当以有劳动能力人为限。如受害人为无劳动能力人，误工费的损失就没有考虑的必要了。有劳动能力但无收入的人主要有两类：（1）家庭主妇。（2）无业人员。对前者的误工费赔偿的理由主要是其虽无收入，但其所承担的家务对其他家庭成员的正常务工收入而言，无疑具有支持和保障作用。其受害后，整个家庭的收入和开支势必受到影响。如果仅以其无“收入”而对其不予赔偿，显失公平。对于后者，其虽暂时无收入，但仍有机会就业并获得收入，因侵权人侵权行为所导致的损害结果，这种利益获得的可能性在一定时期内将无法实现。所以，对具有劳动能力的无收入人员进行误工费的赔偿，符合公平的价值观。

### 13. 如何计算陪护费？为照顾无生活能力的患者，可以请几个护工？

陪护费，是指患者因为发生医疗事故受到人身损害而在医疗机构住院治疗中，因缺乏生活自理能力需要专门雇佣相关人员照顾、护理其生活而支付的费用。患者住院期间需要专人陪护的，按照医疗事故发生地上一年度职工平均工资计算。最高人民法院

《关于贯彻执行〈中华人民共和国民法通则〉若干问题的意见(试行)》第145条中规定了“陪护人员的误工补助费”，它其实和医疗事故赔偿项目中的“陪护费”是同一内容。该条规定，“经医院批准专事护理人，其误工补助费可以按收入的实际损失计算。应得奖金一般可以计算在应赔偿的数额内。本人没有工资收入的，其补偿标准应以当地的一般临时工的工资标准为限”。

最高人民法院《关于审理人身损害赔偿案件适用法律若干问题的解释》第21条也对护理费作出了相关规定。该条确定了护理费的给付标准。（1）原则上讲，护理费数额是按照护理人员的花费确定的。护理人员的花费包括：护理人员的收入状况、护理人数、护理期限。（2）护理人员有收入的，参照误工费的标准计算护理费。护理人员没有收入或雇佣护工的，参照当地标准计算护理费。护理人员原则为1人，特殊情况的，可参照医疗机构或鉴定机构意见，确定的护理人数可在2人或2人以上。(3)护理期限应自受害人受到损害至恢复生活自理能力时止。因侵权致残不能恢复生活自理能力的，由法官根据受害人年龄、健康状况等因素确定合理的护理期限，但最长不能超过20年。(4)护理级别应当根据护理依赖程度、配置残疾辅助器具的具体情况确定。

## 14. 如何核算残疾生活补助费？

对于残疾生活补助费，依据《医疗事故处理条例》的规定，根据伤残等级，按照医疗事故发生地居民平均生活费计算，自定残之月起最长赔偿30年；但是，60周岁以上的，不超过15年；70周岁以上的，不超过5年。此处的30年、15年和5年是可以赔偿的最高年限，实践中根据伤残的等级确定具体的赔偿年限，一般而言，残疾程度严重的赔偿年限多，残疾程度轻微的赔偿年限相应少。

最高人民法院《关于审理人身损害赔偿案件适用法律若干问题的解释》第25条也对残疾赔偿金作出了相关规定。该条第1款规定：“残疾赔偿金根据受害人丧失劳动能力程度或者伤残等级，按照受诉法院所在地上一年度城镇居民人均可支配收入或者农村居民人均纯收入标准，自定残之日起按二十年计算。但六十周岁以上的，年龄每增加一岁减少一年；七十五周岁以上的，按五年计算。”

## 15. 如何计算残疾用具费？对残疾辅助器具费的赔偿要注意哪些问题？

残疾用具费是患者因医疗事故造成残疾而需要配制补偿功能器具所发生的费用，如假肢、义眼、助听器、轮椅等辅助工具的费用，既包括残疾用具的购入费，也包括安装费，如果残疾用具在将来需要更换的则应当将更换的费用也计算在内。

最高人民法院《关于审理人身损害赔偿案件适用法律若干问题的解释》在第26条也对残疾用具费作出了相关规定。该条规定：“残疾辅助器具费按照普通适用器具的合理费用标准计算。伤情有特殊需要的，可以参照辅助器具配制机构的意见确定相应的合理费用标准。辅助器具的更换周期和赔偿期限参照配制机构的意见确定。”根据该解释第21条的规定，受害人定残后的护理，应当根据其护理依赖程度并结合配制残疾辅助器具的情况确定护理级别。因此，对残疾辅助器具费的赔偿要注意结合全部赔偿费用的计算统筹确定。根据该解释第32条的规定，超过确定的辅助器具费给付年限，赔偿权利人确需继续配制残疾辅助器具的，人民法院应当判令赔偿义务人继续给付相关费用5至10年。该规定兼顾赔偿权利人和赔偿义务人双方利益的平衡，与绝对的一次性赔偿有所不同。当出现“小伤残可赔天价，大伤残赔偿低价”的情形时，应当通过精神损害抚慰金的调整功能适当予以利益平衡，即对伤残等级较高而不能配制残疾辅助器具的情形，应当给付较高数额的精神抚慰金。

## 16. 如何计算丧葬费？在核算丧葬费的过程中应注意哪些问题？

丧葬费，是指侵害自然人的生命权致使受害人死亡的，受害人的亲属对死亡的受害人进行安葬所产生的丧葬费用的支出。一般用于逝者服装、整容、遗体存放、运送、告别仪式、火化、骨灰盒、骨灰存放等。这明显是一种财产损失，对此种损失赔偿义务人应当进行赔偿。

《医疗事故处理条例》第 50 条第 7 项规定，丧葬费按照医疗事故发生地规定的丧葬费补助标准计算。最高人民法院《关于审理人身损害赔偿案件适用法律若干问题的解释》第 27 条规定，丧葬费按照受诉法院所在地上一年度职工月平均工资标准，以 6 个月总额计算。

国务院于 1997 年 7 月 21 日颁布实施了《殡葬管理条例》，同时废止了 1985 年 2 月 8 日国务院发布的《国务院关于殡葬管理的暂行规定》。各省、自治区、直辖市根据该条例结合本地实际陆续制定了有关地方性法规，规定了具体殡葬管理事项，规范了殡葬行为和秩序。但在殡葬改革以后，为安排死亡人生前好友和亲属告别遗体仪式租用场地的费用、为死亡人整理遗容费、火化费、运尸费、尸体冷藏停放费、预订灵车、骨灰寄存、购买墓碑等支出的费用；规定允许土葬的地方，为安葬死亡人的未超过省、自治区、直辖市人民政府规定标准的墓穴占地面积使用费、购买棺材费用，在许多农村安排为死亡人送葬的亲朋好友宴席等支出的必要费用等，都可以理解为属于丧葬活动支出的合理费用。上述费用种类繁杂，项目众多，难以在这里一一列举，而且收费标准不一，在实践中对如何最后确定丧葬活动需要支出的合理费用造成了很大的影响，有的造成了赔偿权利人的利益得不到及时有效的保护，有的过于加重了赔偿义务人的责任。

## 17. 如何计算被扶养人生活费？

被扶养人生活费，是指患者在发生医疗事故前，对其父母、未成年子女或者没有经济来源的配偶提供的必要的生活费用。由于发生医疗事故造成患者死亡、残疾以致丧失或者部分丧失劳动能力，无法扶养其在发生医疗事故前一直在扶养的人，因此，需要对其进行补偿。

这里的扶养应是广义的，是指夫妻之间、父母对子女、子女对父母在物质和生活上的互相扶助和供养。扶养的范围为没有经济来源的配偶、未成年子女和父母。按照《医疗事故处理条例》的规定，医疗事故赔偿项目中的被扶养人生活费的支付范围是“以死者生前或者残疾者丧失劳动能力前实际扶养且没有劳动能力的人为限”。这里的“没有劳动能力”，是指被扶养人因为年老、残疾、患病等原因丧失劳动能力，或被扶养人由于尚未成年而无劳动能力。如果被扶养人由于失业、下岗、不愿意工作等原因没有经济收入的，不应当计算在内。被扶养人生活费的具体计算按照患者户籍所在地或者居所地居民最低生活保障标准计算。

最高人民法院《关于审理人身损害赔偿案件适用法律若干问题的解释》在第28条也对被扶养人的生活费作出了相关规定。（1）根据扶养人因人身损害造成死亡或者残疾等丧失劳动能力的程度，再结合政府统计部门公布的受理诉讼的法院所在的省、自治区、直辖市上一年度城镇居民人均消费性支出或者农村居民人均年生活消费支出标准，计算出被扶养人的生活费标准。（2）针对未成年人或者成年人等不同的被扶养人情况，确定了不同的扶养年限以及计算方法。（3）规定了被扶养人的范围，包括受害人依法应当承担扶养义务的未成年人或者丧失劳动能力又无其他生活来源的成年近亲属。（4）被扶养人有两个以上扶养人或者有两个以上被扶养人的情况下，赔偿义务人所应承担的赔偿份额如何确定。

实际生活中，出现了受害人因人身损害导致丧失劳动能力或者部分丧失劳动能力，而影响其收入减少进而导致被扶养人生活费减少的情况。受害人劳动能力丧失程度，这要以死亡或者伤残等级评定或者劳动能力丧失程度鉴定作为依据。劳动能力的丧失或者受害人死亡等因素导致的是抽象评价的未来收入损失的减少。根据伤残等级评定1—10级确定相应的赔偿基数，1级伤残属于完全丧失劳动能力，2—4级也视为丧失劳动能力。5—10级伤残程度所反映的劳动能力丧失程度依次减弱。出现这种情况的，要确定赔偿义务人赔偿受害人劳动能力丧失造成的损失，但不是绝对地、机械地套用公式进行乘除。而是要综合考虑受害人是否因伤残导致实际收入减少等情况，来确定受害人丧失劳动能力程度。可以说，在审理此类案件时，法官要根据自由裁量权，参照受害人5—10级伤残等级，确定受害人丧失劳动能力的程度。

在确定被扶养人扶养年限上，基本区分为三类：（1）被扶养人为未成年人的，计算到18周岁，因为我国《民法通则》规定18周岁为成年人，具有完全民事行为能力，不在被扶养人之列。（2）被扶养人属于没有劳动能力又没有其他生活来源的成年人，计算20年。（3）60周岁以上的或者75周岁以上的，分别计算，前者为年龄每增加1岁减少1年，后者按5年计算。超过20年后，被扶养人仍然属于没有劳动能力和生活来源的，有权利向人民法院起诉要求判令继续给付相关扶养费用5至10年。超过此期限的，赔偿权利人仍然有权提出有关请求。

## 18. 如何计算死亡赔偿金？死亡赔偿金与精神损害抚慰金是同一项赔偿吗？

《医疗事故处理条例》的赔偿范围中未列死亡赔偿金，但是最高人民法院《关于审理人身损害赔偿案件适用法律若干问题的解释》第29条对死亡赔偿金进行了规定。它确认死亡赔偿金的性质，是对未来收入损失的赔偿，其性质属于财产损失赔偿，而非“精神损害抚慰金”。并根据客观计算方法，以定型化赔偿模式确定死亡赔偿金的赔偿标准和赔偿年限。

上述司法解释第30条规定，对于残疾赔偿金、死亡赔偿金和被扶养人生活费的赔偿，适用受诉法院所在地标准是国际上各个国家的通例。但由于残疾赔偿金是赔偿权利人因劳动能力损失和没有生活来源而获得的赔偿，死亡赔偿金是由于受害人死亡导致家庭成员在财产上蒙受消极损失而获得的赔偿，被扶养人生活费是被扶养人因扶养人受到损害丧失劳动能力而获得的赔偿，受害人致残后，其本人和受扶养人，或者受害人死亡后其家庭成员仍要在其住所地或者经常居住地生活，如果其住所地或者经常居住地城镇居民人均可支配收入或者农村居民人均纯收入高于受诉法院所在地标准，赔偿权利人依据受诉法院地的标准获得赔偿，并不能填平其损失，这对于赔偿权利人来说是不公平的，也不符合损害赔偿法的原理。因此，在赔偿权利人的住所地或者经常居住地城镇居民人均可支配收入或者农村居民人均纯收入高于受诉法院所在地标准的情况下，残疾赔偿金或者死亡赔偿金可以按照其住所地或者经常居住地的相关标准计算。但赔偿权利人要对其住所地或者经常居住地城镇居民人均可支配收入或者农村居民人均纯收入是否高于受诉法院所在地标准、高出多少进行举证。

# 三、医疗纠纷的非诉处理

## （一）医疗纠纷的协商与调解

### 1. 什么是医疗纠纷的协商与调解？

医疗纠纷的协商与调解，是指医患双方直接协商，或通过卫生行政部门、仲裁机构或者司法机关从中调解得以解决医疗纠纷或医疗事故的方式。其简单、快捷，不像大多数卫生行政处理和司法诉讼官司那样耗时间、费精力，是实际多见又值得提倡的解决形式。

### 2. 医疗纠纷可以私了吗？

医疗纠纷的协商处理，就是有些人说的“私了”。医疗纠纷与医疗事故之所以能够通过当事双方自行协商或叫做“私了”处理，这是由医疗纠纷与医疗事故的民事纠纷的基本法律属性决定的。按照我国有关法律的规定，民事纠纷的当事人有自由处分民事权利和确认民事义务的自主权。所谓自由，即不受任何组织或个人的强制；所谓处分的权利，即自行决定行使或放弃的权利。具体地说，就是在协商时，提出何种条件和解决方案，完全依靠自己的真实意愿决定；而对对方提出的条件和解决方案是接受或者拒绝，也完全依靠自己个人的真实意愿决定。不过，在实际的协商过程中，为了能够达成一致意见，难免要求双方相互或者某一方做些让步。但是，这种让步也应是自愿的。

## 3. 医疗纠纷的协商解决应当注意把握哪些原则?

协商是指为了取得一致意见而共同商量。医疗纠纷协商指纠纷双方当事人，在没有第三方介入的情况下，当事人之间就医疗纠纷进行谈判、商量取得一致意见，消除争议，建立新的权利义务关系。通常是医患双方就医疗纠纷进行交涉、谈判、达成协议。协商本身也是一种民事法律行为，只要不违法就受法律保护，协商达成的协议，与其他一切契约一样，具有合同法上的效力，因协议履行发生的争议相对于医疗纠纷具有独立性。合法的协商协议虽不具备强制执行的效力，但依法受到保护。

医疗纠纷的协商解决应该注意遵循以下原则：

（1）双方自愿原则。任何一方都不能强迫、欺骗、胁迫或勉强另一方进行协商。

（2）平等、公平原则。在协商过程中，双方地位和权利平等，承担的民事责任应该合理，符合承担方履行赔偿的能力。

（3）合法原则。协商达成的协议必须符合有关法律、法规的规定，不能损害国家和社会的公共利益，不得侵犯他人的合法权益。

（4）真实原则。指对纠纷或争议涉及的主要事实与双方的主要观点要陈述与记录真实。如果不真实或者重要情节有隐瞒，则为日后的反悔提供了依据、留下了隐患。

## 4. 医疗纠纷协商解决后怎么办？医疗纠纷协议书包括哪些内容？

按照规定，自行协商解决的双方当事人，应该达成协议书。一般来讲，协议书应该包括以下内容：

（1）当事双方的基本情况，如医疗机构的名称、法定代理人（负责人）、患者的姓名、年龄、性别、籍贯、住址、职业等。

（2）纠纷或争议的简要事实，应该包括患者所患疾病、就诊与诊治的简要经过、不良医疗后果，以及双方对纠纷或争议的认识与观点等，要求真实地陈述与记录。

（3）双方协商后达成的共识，这是最主要的部分，应该详细明确地书写清楚，包括对纠纷或争议问题的原因和性质（如是否构成医疗事故和事故的等级）、医疗事故或医疗过失伤害明确时给患者的赔偿，或者纠纷与争议性质不明确时给患方的补偿的数额、给付的时间与方式等。

（4）协议生效后，对双方涉及该纠纷或争议的有关权利、义务的影响或履行责任。

（5）达成协议的时间、地点、生效的日期，医疗机构盖章，双方的全权代表签名确认等。

协议书应该一式两份，各自保存一份。

## 5. 医患双方自行协商处理医疗纠纷的优点与缺点各有哪些？

双方自行协商解决的优点：首先，这种处理或解决纠纷的方式不拘泥于法律法规的束缚，只要不违反社会公共道德和法律要求的强制性规定，双方协商一次或几次，达成协议就行。其次，这种处理或解决纠纷的方式简洁方便，可以省去行政处理或司法诉讼常需要的申请技术鉴定、律师代理及诉讼所必需的费用，以及为此所需要的相当长的时间与精力消耗。因此，这种自行协商的解决处理医疗纠纷或医疗事故争议的形式，在实际生活中最为常见。许多医疗纠纷，甚至事实上的医疗事故，通过双方的协商得到了顺利的解决。

双方自行协商解决的缺点在于缺乏严格的束缚力和法制性的强制执行力。所以，一旦某一方由于某种理由反悔，协议就自动失去效力。

## 6. 医患双方自行协商处理医疗纠纷应当特别注意哪几个问题？

（1）双方自行协商处理医疗纠纷，可以在医疗纠纷或医疗事故争议的技术鉴定之后进行，也可以不做技术鉴定就直接协商。完全由当事双方协商决定。一般来讲，主张先做技术鉴定以明确是非，给协商处理打下合理的基础，减少无谓反悔协议情况的发生。

（2）实际生活中，由于协商时患方一般处于弱势和被动的地位，容易盲目或感到可能存在的这样那样的压力，从而怀疑个人的合法权益在协议书中未能得到保证，因此，在某些因素的影响下容易反悔，而提出其他处理形式的要求。此时，即使医方已经根据双方达成的协议书，给付了一定的赔偿，但却不能借此阻挠患方提出其他处理形式的要求。而且，一旦要求追究医方的刑事责任，司法机关介入后，不仅当事双方不能再自行协商解决，而且协商达成的协议也会自动失去效力。司法机关仍然要根据事实和法律，来决定是否追究医方的刑事责任，不受当事人协议的左右。

（3）现实生活中存在某些医疗机构和医务人员为了规避应该承担的法律责任，或企图减轻医疗纠纷或医疗事故的不利影响，无原则地通过协商给予患方高额的经济赔偿。因此，纠纷或争议的“私了”，也并不意味着当事的医疗机构及其医务人员，可以不接受卫生行政部门的管理和监督。所以《医疗事故处理条例》规定，当事医疗机构还应当自协商解决之日起7日内向所在地卫生行政部门作出书面报告。再者，如果患方采取不正当、甚至非法的手段，对医疗机构和医务人员施加压力，逼迫医方签订协议给予高额经济赔偿。这种错误的“协商”解决方式，也不符合有关规定。

## 7. 怎样写医疗纠纷调解协议书？

### 医疗纠纷调解协议书（参考样本）

甲方：____________医院

乙方（患方）：____________

患者基本情况：

姓名：________性别：______年龄：______住址：________

住院号：____________

调解人：____________

患者_____于______年_____月____日在甲方住院，诊断为：(1)____________(2)____________。住院____天，患者治疗结果：死亡、伤残、好转、痊愈。

乙方认为____________是甲方造成的。

甲方认为____________。

经过调解人调解，双方就该争议自愿达成如下赔偿协议：

一、甲乙双方同意不通过鉴定明确争议的原因和责任的情况下，自行协商解决。

二、甲方自愿赔偿乙方医疗费、误工费、住院伙食补助费、陪护费、残疾生活补助费、被扶养人生活费、继续治疗费、死亡赔偿金、丧葬费、精神损害抚慰金等共计____________元。

三、赔偿款给付时间：____________。

四、甲乙双方放弃基于该债权债务关系的一切诉讼权利。

五、（死亡患者）存放于太平间的尸体必须于______年_____月____日从医院运出自行处理。

六、违约责任：本协议一次性处理终结，任何一方不得反悔。一方反悔的，应向对方支付违约金____________元。

七、本协议经甲乙双方签字、盖章生效。协议文本一式三份，甲乙双方各执一份，报卫生局一份。

甲方：__________ 乙方：__________

调解人：__________

______年____月____日

## 8. 在法院审理过程中，双方当事人达成调解协议后，可以反悔吗?

在法院审理过程中，双方当事人达成的调解协议是指当事人在人民法院主持下就某一案件达成和解的书面协议。当事人达成调解协议的，人民法院应制作调解书。调解书和判决书一样，都是人民法院制作的具有强制力的法律文书，对当事人具有法律约束力。调解书经当事人签收后，即具有法律效力。

调解书是当事人自愿签收的，当事人当然有权拒绝签收。达成调解协议后，当事人可以反悔，当事人反悔的情况主要有：(1) 调解书送达前反悔的，也就是在当事人达成调解协议后，调解书没有制作或虽然制作了调解书，但还没有送达，当事人一方或者双方推翻了原来的协议，要求重新处理。(2) 调解书送达时，当事人一方或者双方反悔，拒绝签收调解书要求重新处理。上述两种情况调解书都未发生法律效力，当事人反悔，人民法院应当允许，这是人民法院尊重当事人诉讼权利的体现。

## （二）医疗纠纷的行政处理

### 1. 发生医疗纠纷时，哪些人可以向卫生行政部门提出医疗事故处理申请？如何提起？

医疗纠纷发生以后，医患双方当事人均可以向卫生行政部门提出申请，由卫生行政部门予以处理。医者一方提出申请的可以是医疗机构，也可以是相关医务人员；患者一方提出申请的应当是患者本人，患者本人死亡的，应当是死者的近亲属。

医患双方当事人应当以书面形式向卫生行政部门提起处理申请。申请书应当载明以下内容：（1）申请人的基本情况。申请人是患者一方的，应包括患者和申请人的姓名、性别、年龄、民族、住址、工作单位、身份证号码，申请人与患者关系，申请时间；申请人是医疗机构的，应包括医疗机构名称、地址、《医疗机构执业许可证》复印件；申请人是医务人员的，应包括申请人姓名、性别、年龄、工作单位、身份证号码、专业、专业技术任职资格、具备合法执业资格的证书。（2）有关事实。申请人要详细具体地写明事件经过，特别是与医疗纠纷有关的诊疗过程要做到事实清楚，证据确凿，有理有据。（3）具体请求。对诊疗过程的质疑，是否属于医疗事故，对过错方进行处理等。（4）理由。申请人要详细阐明具体请求的法律依据和医学原理。

### 2. 发生医疗纠纷时，当事人应向哪一级卫生行政部门申请处理？

发生医疗纠纷，当事人要申请卫生行政部门处理，首先应该知道向哪一个卫生行政部门提出申请。卫生行政部门在纵向上有不同级别，在横向上分属于不同地域。要确定具体的处理争议的卫生行政部门，就需要从横向和纵向即地域和级别两方面来确定。

（1）确定地域。为方便当事人及时提出申请，同时也为了方便卫生行政部门调查取证，《医疗事故处理条例》规定，发生医疗纠纷，当事人申请卫生行政部门处理的，由医疗机构所在地的卫生行政部门受理。这就确定了受理当事人申请的卫生行政部门的所属地域以医疗机构所在地为准，即患者在何处就医，就由何地的卫生行政部门处理医患双方的争议。

（2）确定级别。《医疗机构管理条例》第40条规定："县级以上地方人民政府卫生行政部门行使下列监督管理权：（一）负责医疗机构的设置审批、执业登记和校验；（二）对医疗机构的执业活动进行检查指导；（三）负责组织对医疗机构的评审；（四）对违反本条例的行为给予处罚。"因此，县级卫生行政部门对辖区内医疗机构的执业活动要进行监督管理，医疗机构发生医疗纠纷也应向所在地的县级卫生行政部门提出处理申请。由于直辖市只有市、区（县）两级设置，在直辖市医疗机构发生医疗纠纷时，当事人应向区、（县）卫生行政部门提出申请。

一般情况下，医疗机构所在地的县级卫生行政部门收到申请后，就由其对医疗纠纷进行处理。但在一些特殊情形下，医疗纠纷不能由收到申请的县级卫生行政部门直接受理。《医疗事故处理条例》第38条规定，县级人民政府卫生行政部门在有以下情形之一时，应当自接到医疗机构的报告或者当事人提出医疗纠纷处理申请之日起7日内，将案件移送上一级人民政府卫生行政部门处理：第一，患者死亡；第二，可能为二级以上的医疗事故；第三，国务院卫生行政部门和省、自治区、直辖市人民政府卫生行政部门规定的其他情形。

**3. 发生医疗纠纷时，当事人向卫生行政部门申请处理有无时间上的限制？**

发生医疗纠纷后，根据《医疗事故处理条例》第37条规定，当事人应当自知道或者应当知道其身体健康受到损害之日起1年内，向卫生行政部门提出医疗事故争议处理申请。

**4. 当事人向卫生行政部门提出申请后，卫生行政部门应当如何处理？**

当事人向卫生行政部门申请审查后，卫生行政部门应当依法进行审查，并分情况作出以下处理：（1）经审查认为处理申请符合《医疗事故处理条例》规定的，应作出受理的决定；（2）经审查认为不符合有关受理条件的医疗事故争议处理申请，应作出不予受理的决定，并以书面的形式通知申请人，并说明理由。

**5. 发生医疗纠纷之后，患者能否同时既向卫生行政部门申请处理，又向法院提起诉讼？**

医疗纠纷发生后，医患双方当事人可以根据自己的意愿选择任何一种纠纷处理方式解决医疗纠纷。决定选择行政处理程序，或者直接向法院提起诉讼，提起民事诉讼解决争议。但是，纠纷发生后，当事人不能够同时选择两种途径解决医疗争议，不能既选择行政程序又选择司法程序解决争议。如果当事人选择了行政程序，当事人仍然可以继续选择司法程序，但进入司法程序的，则不得进行行政程序。这是因为，司法程序是解决医疗事故争议的最终途径，也是民事救济的最终手段。对于法院的判决，当事人都应当执行。

## 6. 卫生行政部门可以对违规的医疗机构和医务人员作出哪些行政处理？

在医疗机构和医务人员发生违法违规行为时，卫生行政部门可以依法给予行政处理，包括行政处罚或行政处分。根据《医疗事故处理条例》的规定，对发生医疗事故的医疗机构，卫生行政部门可以根据情节轻重，依法给予警告、罚款、停业整顿、吊销《医疗机构执业许可证》的行政处罚。对发生医疗事故的医务人员，卫生行政部门可以根据情况轻重，依法给予警告、暂停6个月以上1年以下执业活动的行政处罚，情节特别严重的，给予吊销其执业证书的行政处罚。

## 7. 患者如果对卫生行政部门的医疗纠纷处理决定不服，能否申请行政复议？

卫生行政部门的处理不是对案件的最终处理，对卫生行政部门所作的处理不服的，如果符合《行政复议法》第6条规定情形之一的，公民、法人或者其他组织可以依照本法申请行政复议。对县级以上卫生行政部门的行政处理不服的，当事人可以向上一级卫生行政部门或本级人民政府申请行政复议；对于国务院卫生行政部门的行政处理不服的，还向该部门申请行政复议，对行政复议决定不服的，可以向人民法院提起行政诉讼；也可以向国务院申请裁决，国务院依照本法的规定作出最终裁决。

申请复议的主体应当是患者。若患者死亡的，其配偶、父母、子女等近亲属可以申请复议；若患者为无行为能力人或者限制行为能力人的，其法定代理人可以代为申请行政复议。申请人申请行政复议，可以书面申请，也可以口头申请。口头申请的，行政复议机关应当当场记录申请人的基本情况、行政复议请求、申请行政复议的主要事实、理由和时间。

## 8. 什么是卫生行政部门调解？有何限制？

医疗事故赔偿的行政调解是在卫生行政部门的主持下，根据自愿和合法的原则，采取说服教育的方法，促使医疗机构和患者友好协商、互谅互让从而达成对医疗事故赔偿的和解协议。已被确定为医疗事故的，卫生行政部门应医疗事故争议双方当事人请求，可以进行医疗事故赔偿调解。

调解时，应当遵循当事人双方自愿原则，并应当依据医疗事故处理条例的规定计算赔偿数额。医疗事故赔偿的调解由医患双方共同提起。如果医疗事故争议一方当事人不同意行政调解，卫生行政部门不能进行调解。如果医患双方对是否为医疗事故还有争议，不能向卫生行政机构申请调解，卫生行政部门也不能对此进行调解。

## 9. 卫生行政部门进行医疗事故赔偿调解时应当考虑哪些因素？效力如何？

医疗事故赔偿应当考虑下列因素，确定具体赔偿数额：(1) 医疗事故等级；(2) 医疗过失行为在医疗事故损害后果中的责任程度；(3) 医疗事故损害后果与患者原有疾病状况之间的关系。对卫生行政部门的调解不服或经调解达成协议后一方反悔的，可以向人民法院起诉，但是提起的是民事诉讼而不是行政诉讼。

经调解，双方当事人就赔偿数额达成协议的，制作调解书，双方当事人应当履行；调解不成或者经调解达成协议后一方反悔的，卫生行政部门不再调解。经过调解后达成的调解协议只能由当事人双方自觉履行，没有强制执行的法律效力。如果当事人对调解协议不履行，另一方可以向人民法院提起民事诉讼。

## 10. 在对医疗过失行为的认定和处理上，不同等级的医院是否有所区别?

现实生活中，相同的疾病，在不同等级的医院诊治，在收取医疗费用的标准上是有区别的，但我国现如今的医疗服务绝大部分还是属于社会福利性质，所以，我国目前并没有将医疗服务与普通的商业性服务同等对待。医疗过失的认定和处理，都是建立在医疗事件中的行为人有无过失的基础上，并未将其所处的外部条件因素考虑其中。一般来讲，医疗过失行为可分为技术过失行为和责任过失行为。在对技术过失行为的认定上，考虑的是行为人是否具备与其专业技术职称所对应的一般水平和行医的环境条件；而在对责任过失的判定时，主要考虑的是行为人个人，在诊疗过程中有无违反规章制度和操作规程、工作时有无严重不负责任的情况。所以在对医疗责任事故的处理上，是不应当将医院等级间的差异具体反映到医疗责任过失的认定和处理中的。

## 11. 医疗事故的责任人应该承担哪些责任?

医疗事故的责任人可以承担三个方面的责任，即行政责任、民事责任和刑事责任。

(1) 行政责任。行政责任是违反行政法规定义务的行为所必须承担的法律后果。具体到医疗事故，就是由于医务人员的过失导致病人死亡、残疾、组织器官功能障碍所应承担的法律后果。承担行政责任的形式有两种：一种是行政处分，是由国家机关、企事业单位按行政隶属关系，给予违反行政法的直接责任人员的一种制裁措施。其种类具体包括：警告、记过、记大过、降级、降职、撤职、开除留用察看、开除等八类。另一种是行政处罚，是由国家行政主管机关依法对实施了违法行为的单位和个人所给予的一种法律制裁。其主要形式包括：警告、罚款、拘留、停止营业或者吊销营业执照。

(2) 民事责任。民事责任是指根据民法规定，公民或者法人在违反自己的民事义务或者侵犯他人的民事权力时所应承担的法律后果，是一种以财产责任为主要内容的法律责任。绝大多数医疗纠纷案件中的责任人承担的是民事责任。

(3) 刑事责任。刑事责任是指实施犯罪行为的人应当承担的刑事法律禁止的行为所引起的法律后果，是最为严厉的一种责任，用刑罚的方式来剥夺犯罪人的人身自由、财产权利、政治权利直至生命。当医疗事故责任人构成医疗事故罪的情况下，就应当承担因此所负的刑事责任。

## 12. 当事人不执行卫生行政部门所作出的医疗事故的处理决定怎么办?

卫生行政部门已经作出的医疗事故的处理决定，有时医疗事故的当事人无正当理由拒不履行处理决定。卫生行政部门属国家卫生行政管理机关，其所作出的行政处理决定，具有法律效力，虽然卫生行政机关无权使用国家强制力，但是可以申请人民法院对拒不执行医疗事故处理决定的当事人采取相应的强制措施，以此来确保法律的顺利实施，维护法律的尊严。

## 13. 医患双方对卫生行政部门处理医疗争议过程中的不法行为应当怎么办?

医疗事故或医疗事故争议的当事人，对当地有责任处理医疗事故争议的卫生行政部门，因为违背《医疗事故处理条例》和其他有关规定，未履行自己应尽的职责，如卫生行政部门：(1) 接到医疗机构关于重大医疗过失的报告后，未及时组织调查；(2) 接到当事人要求处理医疗事故的申请后，未在规定的时间（10 日）内审查或者（7 日内）移送上一级人民政府卫生行政部门处理；

(3) 未将应当进行医疗事故技术鉴定的重大医疗过失行为或者医疗事故争议移交医学会组织鉴定；(4) 未按照规定逐级将当地发生的医疗事故以及依法对发生的医疗事故的医疗机构和医务人员的行政处理情况上报；(5) 未依照《医疗事故处理条例》规定审核医疗事故鉴定书等，当事人可以依照《医疗事故处理条例》和《行政诉讼法》的规定，向当地人民法院行政庭起诉卫生行政部门领导人，要求追究其失责或不作为的行政责任。这种行政诉讼虽然很少见，但仍有可能遇到。

# 四、医疗纠纷民事诉讼

## 1. 医疗纠纷案件有哪些特点?

医疗纠纷诉讼与其他民事纠纷诉讼相比较而言，有以下几点突出的特点:

(1) 高度的专业性。随着医学科学的发展，各种新的诊疗方法、手段出现，导致医疗行业内部分工高度专业化，而患者一方往往缺乏相应的专业知识，在案件处理中处于专业劣势。

(2) 审理难度大。医学知识的专业性，法官难以根据自己的知识就案件的事实进行实体判断，往往需借助相关鉴定结论。审理中又往往出现多个相互矛盾或差别较大的鉴定意见，法官难以认定。

(3) 周期长。医疗案件审理往往按年计算，因为涉及各种复杂的鉴定，如医疗事故技术鉴定、医疗过错司法鉴定、文件检验、伤残鉴定、护理依赖等，大多数案件都难以在审限内审结。

## 2. 哪些情形适宜通过民事诉讼的途径解决医疗纠纷?

民事诉讼一般需要通过司法鉴定来认定过错或者伤残等级，通常耗时长、花费大，适合解决案情复杂、争议大、标的大的医疗纠纷，或者虽然案件小，但双方无法协商解决的纠纷。

### 3. 医疗纠纷调解或起诉的一般流程是什么？

《医疗事故处理条例》规定，医疗纠纷的解决可以有三种途径：

（1）双方协商解决。对于民事赔偿部分，双方可以协商解决。

（2）向当地卫生行政部门（卫生局）提出申请，由卫生行政部门帮助调解解决。

（3）向法院提起诉讼。可以直接就赔偿数额提起民事诉讼，如果对卫生行政机关的处理结果不服的，也可以提起卫生行政诉讼。

以上三种手段均可采取，但不管哪种方法，都最好先进行医疗事故鉴定。

医疗事故的鉴定是由各地的医学会组织进行的。当事人可以向当地的医学会提出申请，当事人在提交相关材料后，医学会应该在 45 日内组织鉴定并得出鉴定结论。这就是采取下一步行动的依据，当然，如果对鉴定结论不服，可以申请上一级鉴定，但不能对鉴定委员会提起诉讼。

另外要注意的事项是：

（1）向卫生局申请处理和向法院起诉这两种方式不能同时进行，如果有这种情况，按照诉讼阻却行政处理的原则，将直接进入诉讼程序。

（2）影响医疗事故赔偿额的因素主要有三个：其一，医疗事故等级；其二，医疗过失行为在医疗事故损害后果中的责任程度；其三，医疗事故损害后果与患者原有疾病状况之间的关系。这三个因素，在医疗事故鉴定书中会有列出。

（3）在诉讼过程中，遵循举证责任倒置的原则。即院方有责任证明自己的行为符合诊疗护理常规，如果不能证明，则责任在院方。

（4）医院承担责任的前提：一是医疗行为存在违法、过错；二是有损害结果；三是医疗过错与损害后果存在因果关系。医疗侵权诉讼极具复杂性和专业性，既需要医学理论知识，又需要法律专业知识，建议患者遇到此类纠纷时最好是委托医疗事故专业律师办理相关诉讼事宜。

医疗纠纷起诉的一般流程包括：（1）写起诉状，准备证据材料；（2）到法院立案；（3）等待开庭。

## 4. 医疗纠纷案件的案由如何选择？如何适用法律？

案由，是人民法院对诉讼案件所涉及的法律关系的性质进行概括后形成的案件名称。

在医疗纠纷诉讼中，患方起诉的案由曾经多种多样，如“人身损害赔偿”、“医疗赔偿”、“医疗事故赔偿”、“医疗事故损害赔偿”、“医疗纠纷”、“医疗损害赔偿”、“医疗意外死亡纠纷”、“医疗服务合同”、“医患合同纠纷”、“医疗产品质量纠纷”等。

2008 年 4 月 1 日起施行的《民事案件案由规定》中涉及医疗纠纷的案由主要有两项：（1）医疗损害赔偿纠纷——侵权之诉；（2）医疗服务合同纠纷——违约之诉。

二者的区别体现在以下几点：

医疗损害赔偿纠纷，是指医疗机构在诊疗护理工作中，因医务人员诊疗护理过错或者过失，直接造成病人死亡、残疾、组织器官损伤导致功能障碍事故而引起对受侵害人的赔偿纠纷。在此类纠纷中，对医疗机构追究的是侵权赔偿责任。

医疗服务合同纠纷，是指医、患双方围绕医疗服务合同中侵权损害以外其他方面而产生的争议。在此类纠纷中，对医疗机构追究的是违约损失赔偿责任。

（1）两者的举证责任不同。

在医疗损害赔偿纠纷中，一是证明其与医疗机构之间存在有医患关系。如挂号凭证、就诊病历、身份证明及其他相关证据，据以确定“适格的原告”和“明确的被告”。二是证明患方存在具体的损害结果。如伤残等级鉴定书、金钱损失数额凭证或者计算依据，据以确定“具体的诉讼请求”。

在医疗服务合同纠纷中，由患方自主完成以下四项举证证明义务：一是证明其与医疗机构存在“医疗服务合同”关系。如挂号凭证、就诊病历、付费凭证、身份证明及其相关证据，以确定“适格的原告”和“明确的被告”；二是证明患方存在具体的损失结果。如伤残等级鉴定结论、金钱损失项目、数额的凭证或者计算依据，以确定具体的诉讼请求；三是证明医疗机构存在违反约定义务或者法定义务的违约行为；四是证明医疗机构的违约行为与损失结果之间存在某一程度的因果关系。

（2）两者审判适用的法律不同。

2010 年 7 月 1 日起施行《侵权责任法》之前，法院审理医疗损害赔偿案件可选择适用的主要法律、法规及司法解释有《民法通则》、《合同法》、《医疗事故处理条例》、最高人民法院《关于确定民事侵权精神损害赔偿责任若干问题的解释》、《民事诉讼法》、最高人民法院《关于参照〈医疗事故处理条例〉审理医疗纠纷民事案件的通知》（以下简称《通知》）、《消费者权益保护法》（以下简称《消法》）等内容。侵权之诉的医疗损害赔偿纠纷案件应适用《民法通则》和参照《医疗事故处理条例》；违约之诉的医疗损害赔偿纠纷案件应适用《民法通则》、《合同法》，同时也可参照《医疗事故处理条例》；对于医疗机构提供的药品、医疗器械、日用品等和具有商业性质的服务如餐饮、住宿等发生的纠纷应适用《消法》。

施行《侵权责任法》之后，医疗损害赔偿纠纷基本上适用《侵权责任法》，因为它是民事基本法，是人们维权的“行动指南”。对网络侵权、产品质量、医疗纠纷、动物伤人等与老百姓密切相关的侵权行为作出明确规定，对保障人权、明确侵权责任、预防并制裁侵权行为具有重要意义。

医疗服务合同，是指医疗机构与患者之间就明确相互权利、义务关系的合同，属无名合同之一。医、患之间，虽然没有签订书面合同，但当患者到医疗机构经挂号，双方通过真实意思表示，就建立并形成了一种事实上医疗服务契约合同关系。合同双方的权利、义务，可依据《合同法》第 61 条、第 62 条规定的原则，以约定俗成的方式确定，其主要权利义务在《医疗事故处理条例》及《侵权责任法》中也作出了相应的明确规定。如果患方提出了证据（如相关的司法鉴定书）证明医疗机构的诊疗行为违约（具有过错），且该违约行为与患方的损失之间存在有某一程度的因果关系，就应当依照《合同法》第 107 条的规定，以“赔偿损失”的方式确定医疗机构承担相应的违约赔偿责任。

（3）两者赔偿的范围不同。

医疗损害赔偿纠纷按照《侵权责任法》第 16 条的规定，侵害他人造成人身损害的，应当赔偿医疗费、护理费、交通费等为治疗和康复支出的合理费用，以及因误工减少的收入；造成残疾的，还应当赔偿残疾生活辅助具费和残疾赔偿金；造成死亡的，还应当赔偿丧葬费和死亡赔偿金。按《民法通则》的有关规定，侵权责任赔偿范围原则上包括直接损失和间接损失；在侵犯人格权时，还可进行精神损害赔偿；不法造成他人死亡的，赔偿范围还要扩大至死者生前扶养的人必要的生活费用等。

医疗服务合同违约责任的赔偿损失额可以由当事人在合同中约定，如果没有这种约定，依《合同法》的规定，赔偿损失额应当相当于受害人因违约而受的损失，一般包括直接损失和间接损失。

（4）两者适用的诉讼时效不同。

《民法通则》第135条规定，向人民法院请求保护民事权利的诉讼时效期间为2年，法律另有规定的除外。第136条规定，身体受到伤害要求赔偿的，诉讼时效期间为1年。因此，医疗损害赔偿纠纷请求保护民事权利的诉讼时效期间为1年；侵权时效一般为2年，医疗服务合同向人民法院请求保护民事权利的诉讼时效期间为2年。

综上，虽然两者在实体法处理上没有很大的差别，但是，受害者可以根据自己的医疗纠纷的实际情况，选择有利于自己的合法权益得到充分保护的方式的案由，行使自己的诉讼权利，把损失降到最低点。

## 5. 什么是管辖？

民事诉讼中的管辖，是指上下级人民法院之间和同级人民法院之间受理第一审民事案件的分工和权限。这里需要指出的是，管辖指的是人民法院受理第一审民事、经济纠纷案件的分工和权限，而不是第二审民事、经济纠纷案件的分工和权限。按照审级制度的规定，第一审案件的管辖法院确定后，第二审法院就非常明确了。

人民法院在审查当事人起诉时，应当搞清案件由哪一级人民法院或哪一个人民法院管辖。对当事人的起诉，属于人民法院主管，但不属于本院管辖的，应当告知当事人向有管辖权的人民法院起诉；如果受理案件后发现本院无管辖权时，应按民事诉讼法的规定，将案件移送有管辖权的人民法院，否则会给案件的审理工作和当事人的诉讼带来不便。

## 6. 未成年人和精神病人，由谁来代其进行诉讼？

《民事诉讼法》第57条规定，无民事行为能力人由他的监护人作为法定代理人代为诉讼。法定代理人是指根据法律规定代替无诉讼行为能力的当事人进行民事诉讼活动的人。法定代理人有两个特点：一是基于法律规定产生，二是法定代理人所代理的被代理人必须是无诉讼行为能力的人。《民法通则》第16条规定："未成年人的父母是未成年人的监护人。未成年人的父母已经死亡或者没有监护能力的，由下列人员中有监护能力的人担任监护人：（1）祖父母、外祖父母；（2）兄、姐；（3）关系密切的其他亲属、朋友愿意承担监护责任，经未成年人的父、母的所在单位或者未成年人住所地的居民委员会、村民委员会同意的。"

《民法通则》第17条规定："无民事行为能力或者限制民事行为能力的精神病人，由下列人员担任监护人：（1）配偶；（2）父母；（3）成年子女；（4）其他近亲属；（5）关系密切的其他亲属、朋友愿意承担监护责任，经精神病人的所在单位或者住所地的居民委员会、村民委员会同意的。对担任监护人有争议的，由精神病人的所在单位或者住所地的居民委员会、村民委员会在近亲属中指定。对指定不服提起诉讼的，由人民法院裁决。没有第一款规定的监护人的，由精神病人的所在单位或者住所地的居民委员会、村民委员会或者民政部门担任监护人。"

法定代理人是对被代理人负有保护和监督责任的监护人。由于被代理人只是无民事行为能力或限制行为能力人，他们不能表达或者不能完全表达自己的意志，因而法定代理人在民事诉讼中的地位相当于被代理人。法定代理人行使被代理的当事人的诉讼权利，承担被代理人的诉讼义务，代理被代理人进行全部诉讼活动。法定代理人所为的一切诉讼行为的法律结果属于被代理人。

然而，实践中还会出现另外一种情况，就是法定代理人互相推诿代理责任，特别是精神病人的法定代理人，他们害怕承担责任，影响劳动或工作，顾虑很多。为此，《民事诉讼法》第57条明确规定："法定代理人之间互相推诿代理责任的，由人民法院指定其中一人代为诉讼。"人民法院可以根据这一规定，从当事人的几个法定代理人中指定一人代为诉讼。

法定代理人的代理权是在一定条件下产生的，也会在一定条件下终止。法定代理人的代理权是基于被代理人无民事行为能力或者限制行为能力而产生的，被代理人取得或恢复了民事行为能力，法定代理人的代理权自然归于终止。同时，法定代理人的代理权限是以法定代理人具有民事行为能力为前提的，如果法定代理人丧失了民事行为能力或者死亡，法定代理人的代理权也归于终止。

## 7. 可以委托他人进行诉讼吗？

当然可以。受当事人、第三人、法定代表人、诉讼代表人、法定代理人的委托代为诉讼的人，称为委托代理人。其有以下特点：

（1）代理人的代理权基于委托人授权产生的，这是区别于法定代理人、指定代理人的重要标志。

（2）代理权限范围和事项，一般都由委托人来决定，但是法律有规定的除外。

（3）必须向人民法院提交授权委托书。授权委托书是委托和接受委托的证明文书，是委托代理人代为诉讼的依据。因此，委托代理人在代理诉讼时，必须提交授权委托书。

当事人、法定代理人可以委托1—2人作为诉讼代理人。律师、当事人近亲属、有关的社会团体或者所在单位推荐的人，经人民法院许可的其他公民，都可以委托为诉讼代理人。

委托代理因代理权限的不同，可以分为两种：一般委托代理和特别委托代理。一般委托代理中，代理人只能代理被代理人为诉讼行为，而无权处分诉讼权利和实体权利；特别委托代理中，除代理被代理人的诉讼行为外，可以根据被代理人的特别授权处分诉讼权利和实体权利，如代为当事人承认、放弃或者变更诉讼请求，进行和解，提起反诉或者上诉。授权委托书写“全权代理”而无具体授权的，诉讼代理人只享有一般委托代理权限。

当被代理人解除代理人的代理权限，或代理人辞去代理权时，代理权就被解除。代理权解除时，应书面通知人民法院。在代理权解除前，代理人的诉讼行为，仍对被代理人发生效力。案件审理终结，受委托人丧失诉讼行为能力或者死亡，委托人自然丧失代理权。

## 8. 证据的种类有哪些？

证据，是指在民事诉讼过程中用来确定案件事实的根据。证据具有客观性、关联性、合法性特征。证据主要分为以下几种：

(1) 书证，是指以文字、符号、图画表达一定的思想或行为，其内容能够证明案件事实的物品。书证主要有各种合同、文件、票据以及书信、书面遗嘱、传单、电报等。

(2) 物证，是以其存在、形状、质量、特征等来证明案件事实的物品。一般是指合同标的物的物品，受害的公私财物等。

(3) 视听资料，是利用录像或录音磁带等反映出的形象和声音，或以电子计算机储存的资料来证明案件事实的证据。但未经对方同意，一方私自录音、录像取得的视听资料显然不能认为是合法取得的证据，不具有合法性，因而，不能作为诉讼证据。

(4) 证人证言，是指了解案件情况并受人民法院传唤出庭作证的人，对案件情况的陈述，也就是证人证言。凡是知道案件情况的单位和个人，都有义务出庭作证。但对限制民事行为能力的人作证时要区别对待，是否需要限制行为能力的未成年人和精神病人出庭作证，应根据未成年人的身体、智力发育情况而定。与当事人有身份关系的人作证时要多加分析证言，注意审查，辨别真伪。诉讼代理人不能作为自己所代理案件的证人，如必须出庭作证，则应首先终止诉讼代理关系。

（5）当事人的陈述，是指当事人在诉讼进行中，向人民法院所作的关于案件事实情况的叙述。当事人陈述是一种重要的诉讼证据，但并不是当事人陈述的所有内容都可当做证据使用。

（6）鉴定结论，是指鉴定人运用专门知识对案件中某些专门性问题所进行的分析、鉴别和判断。在民事诉讼中，鉴定部门和鉴定人有如下权利：有权了解进行鉴定所需要的案件材料；有权询问当事人和证人；有权请求给付报酬或其他必要费用。鉴定结论既不同于证人证言，也不同于勘验笔录，是一种独立的证据。民事诉讼中通常进行的鉴定有：法医学鉴定、司法精神病鉴定、技术鉴定和会计鉴定等。

（7）勘验笔录，是指人民法院审判人员对争议的现场和物品等进行勘验、检查所作的记录。包括对勘验对象的记载、测量、绘图、拍照等。

## 9. 当事人可以请求人民法院调查、收集证据吗？

我国民事诉讼制度采取了当事人举证与人民法院调查、收集证据相结合的制度。在过去的民事审判实践中，存在只强调人民法院的职能作用，忽视了当事人举证责任问题。这既有法律规定不明确、不具体的问题，也存在对法律的理解和执行问题。

人民法院负责调查收集证据的范围有：

（1）当事人及其诉讼代理人因客观原因不能自行收集证据，比如涉及国家秘密和商业秘密的证据，按照规定有关国家机关或其工作人员才能查阅的材料，如银行账号、银行存款等，当事人难以收集，应由人民法院负责收集。

（2）人民法院认为审理案件需要的证据。不管当事人是否已经提供证据，只要人民法院认为审理案件需要，都有权收集、调查。因为查明事实，分清是非，正确适用法律，及时审理民事案件，是人民法院的职责，收集、调查证据是人民法院的职权，对审理案件需要的证据，不管当事人是否已经提供，人民法院都有权调查、收集。人民法院调查、收集证据不受当事人举证的限制和影响。

人民法院调查、收集证据应注意以下几方面的问题：

(1) 调查收集证据要依法进行。证据作为认定案件事实的根据，必须通过合法途径进入诉讼程序。人民法院调查、收集证据，应由两人以上共同进行。调查材料要由调查人、被调查人、记录人签名或盖章。对当事人提供的证据，人民法院应当出具收据，注明证据的名称、收到的时间、份数和页数，由审判人员及书记员签名或盖章。

(2) 调查、收集证据要客观、全面。所谓客观，就是要求审判人员实事求是，尊重客观事实，不能从主观想象出发，先入为主去收集、调查证据。所谓全面，是对能够证明案件事实的证据都要收集，既要收集对原告有利的证据，也要收集对被告有利的证据。同时，也要注意收集原始证据和直接证据，要注意收集传来证据和派生证据。只有客观、全面地收集各种证据，才能准确查明案件事实，正确适用法律。

(3) 调查、收集证据要有目的地进行。人民法院调查、收集证据要有针对性，收集什么证据，解决什么问题，审判人员要做到心中有数，不能盲目进行。

(4) 调查、收集证据要坚持群众路线的工作方法。相信群众、依靠群众是我国人民司法工作的优良传统和成功经验，人民法院调查、收集证据也应坚持这一点。这样，才能使人民法院收集的证据客观、真实，从而确保司法公正。

## 10. 如果担心证据可能灭失，可以申请人民法院进行证据保全吗？

证据保全是指在证据可能灭失或以后难以取得的情况下，人民法院根据诉讼参加人的请求或依职权采取措施加以确定和保护的制度。

证据保全有两种：一是诉讼前的证据保全。主要是由公证机关进行，也就是在民事诉讼开始前，当证据有可能灭失或以后难以取得时，当事人向公证机关提出申请，由公证机关采取公证形式保全证据。二是诉讼中的证据保全。在民事诉讼开始或进行中，由人民法院采取措施保全有关证据。

诉讼保全的条件有：（1）在证据有灭失的可能时要采取保全措施，例如证人因年老、疾病有死亡的可能时，应当采取保全措施，及时取证。可能成为诉讼证据的物品有变质、腐烂或其他丧失证明力的可能时，要及时采取保全措施，妥善保管，保存其证明力。（2）在证据有以后难以取得的情况时，应采取保全措施。证据难以取得不同于无法取得，但也可能影响案件的正确审理，比如证人要出国留学，到国外定居，以后调查取证比较困难，就要及时采取保全措施。

证据保全可以由诉讼参加人申请，也可以由人民法院依职权主动采取。此外，对不同种类的证据应采取不同的保全方法，如对证人可以进行讯问并作出笔录或者进行录音、录像；对物证可以由人民法院进行勘验、制作勘验笔录，或者绘图、拍照、录像，也可以采取保存原物等方法；对书证可以拍照、复制。不论采取何种方法，都应力求客观、真实地反映证据的情况。

## 11. 诉讼费如何计算？

《诉讼费用交纳办法》规定，根据诉讼请求的金额，财产案件的受理费按照下列比例分段累计交纳：

（1）不超过1万元的，每件交纳50元；

（2）超过1万元至10万元的部分，按照2.5%交纳；

（3）超过10万元至20万元的部分，按照2%交纳；

（4）超过20万元至50万元的部分，按照1.5%交纳；

(5) 超过50万元至100万元的部分，按照1%交纳；

(6) 超过100万元至200万元的部分，按照0.9%交纳；

(7) 超过200万元至500万元的部分，按照0.8%交纳；

(8) 超过500万元至1000万元的部分，按照0.7%交纳；

(9) 超过1000万元至2000万元的部分，按照0.6%交纳；

(10) 超过2000万元的部分，按照0.5%交纳。

立案时按照简易程序审理的，减半收取。如果审理时间(不包括鉴定等诉讼中止的时间)超过3个月，改为普通程序，原告再补交另一半。如果诉讼过程中原告增加诉讼请求，则要补交增加部分的诉讼费。

比如，原告诉讼请求是20万元，则应当交纳诉讼费：50元+[(10万-1万)×2.5%+(20万-10万)×2%]÷2=2150元

## 12. 打官司的诉讼费由谁承担?

诉讼费一般由过错的当事人承担，因为诉讼是因其过错而启动的。所谓有过错的当事人，是指在诉讼结束后，判决认定的违反民事法律规定的当事人，即败诉的当事人。但有时，当事人并不是全败或全胜，双方互有胜负，这就需要双方按照过错程度分担诉讼费。如果原告撤诉或被法院驳回起诉的，诉讼费由原告承担。如果双方经调解和解了，诉讼费一般由双方协议，或由一方承担，或由双方共同承担。

## 13. 什么情况下可以减、免、缓交诉讼费用?

《诉讼费用交纳办法》规定，当事人交纳诉讼费用确有困难的，可以依照本办法向人民法院申请缓交、减交或者免交诉讼费用的司法救助。

(1) 当事人免交诉讼费用的情况：①残疾人无固定生活来源的；②追索赡养费、扶养费、抚育费、抚恤金的；③最低生活

保障对象、农村特困定期救济对象、农村五保供养对象或者领取失业保险金人员，无其他收入的；④因见义勇为或者为保护社会公共利益致使自身合法权益受到损害，本人或者其近亲属请求赔偿或者补偿的；⑤确实需要免交的其他情形。

（2）当事人减交诉讼费用的情况：①因自然灾害等不可抗力造成生活困难，正在接受社会救济，或者家庭生产经营难以为继的；②属于国家规定的优抚、安置对象的；③当事人为社会福利机构和救助管理站的；④确实需要减交的其他情形。人民法院准予减交诉讼费用的，减交比例不得低于30%。

（3）当事人缓交诉讼费用的情况：①追索社会保险金、经济补偿金的；②海上事故、交通事故、医疗事故、工伤事故、产品质量事故或者其他人身伤害事故的受害人请求赔偿的；③正在接受有关部门法律援助的；④确实需要缓交的其他情形。

当事人申请司法救助，应当在起诉或者上诉时提交书面申请、足以证明其确有经济困难的证明材料以及其他相关证明材料。

因生活困难或者追索基本生活费用申请免交、减交诉讼费用的，还应当提供本人及其家庭经济状况符合当地民政、劳动保障等部门规定的公民经济困难标准的证明。人民法院对当事人的司法救助申请不予批准的，应当向当事人书面说明理由。

当事人申请缓交诉讼费用经审查符合《诉讼费用交纳办法》规定的，人民法院应当在决定立案之前作出准予缓交的决定。人民法院对一方当事人提供司法救助，对方当事人败诉的，诉讼费用由对方当事人负担；对方当事人胜诉的，可以视申请司法救助的当事人的经济状况决定其减交、免交诉讼费用。人民法院准予当事人减交、免交诉讼费用的，应当在法律文书中载明。

## 14. 在医疗民事诉讼中需要进行医疗事故鉴定的，应当由谁来委托？

根据《人民法院司法鉴定工作暂行规定》的相关规定：凡是需要进行司法鉴定的案件，应当由人民法院司法鉴定机构鉴定，或者由人民法院司法鉴定机构统一对外委托鉴定。也就是说，当需要委托医学会组织专家鉴定的，应当由人民法院司法鉴定机构对外委托，而不能由人民法院的审判业务庭或其他部门对外委托。

## 15. 军队、武警部队发生医疗赔偿纠纷，应由什么法院受理？

依据1990年6月4日最高人民法院《关于中国人民解放军和武警部队向地方开放的医疗单位发生的医疗赔偿纠纷由有管辖权的人民法院受理的复函》中明确解释："中国人民解放军和中国人民武装警察部队向地方开放的医疗单位，在医治地方伤病员过程中发生的医疗事故，当事人起诉要求医疗单位赔偿经济损失的，应按照我院1989年10月10日法（行）函〔1989〕63号复函的规定精神，由有管辖权的人民法院作为民事案件受理，军事法院无管辖权。"因而，虽然中国人民解放军设有各级审判机构，但对此种情况的医疗事故引起的民事诉讼无管辖权。如果与军队、武警部队向地方开放的医疗单位发生医疗赔偿纠纷案件，当事人应当向地方人民法院提起有关诉讼。如果是中国人民解放军和武警部队未向地方开放的医疗单位，医疗赔偿纠纷的受害人可以向中国人民解放军军事法院提起有关诉讼。

## 16. 不作医疗事故鉴定能否向人民法院起诉？

医疗事故鉴定，是认定是否构成医疗事故、构成几级医疗事故，也是卫生行政机关处理医疗事故的依据。但依据《医疗事故处理条例》第46条的规定：发生医疗事故的赔偿等民事责任争议，医患双方可以协商解决；不愿意协商或者协商不成的，当事人可以向卫生行政部门提出调解申请，也可以直接向人民法院提起民事诉讼。可见，人民法院审理医疗纠纷赔偿案件时，判定当事人是否应承担医疗过失损害的赔偿责任的，是根据《民法通则》的有关规定来判断是否具备了侵权损害赔偿的要件，是否应当承担相应的民事责任。因而，患者向人民法院起诉，并不需要先经过医疗事故技术鉴定。

## 17. 医疗纠纷能否适用《消费者权益保护法》？也能“假一罚二”吗？

法院在审理侵害消费者权益案件时，在具体适用法律时有一个广义的消费者权益保护法与狭义的消费者权益保护法问题。广义的消费者权益保护法是指所有与保护消费者权益有关的法律、法规、行政规章等。案件审理中具体适用哪个，要根据实际情况来确定。狭义的消费者权益保护法才单指《消费者权益保护法》。目前，针对医疗纠纷适用《消费者权益保护法》，只是强调《消费者权益保护法》赋予的各种消费权利，如知情权、人格受尊重权等。而针对《消费者权益保护法》第49条的惩罚性赔偿条款，因其要求主观欺诈恶意，所以“假一罚二”一般适用于存在医疗欺诈行为的医疗纠纷，但对于因过失造成的医疗事故，则不适用该惩罚性赔偿条款。

## 18. 谁可以作为原告提起医疗民事诉讼？

医患双方发生的医疗纠纷本质上属于民事纠纷，任何一方都可以按照《民事诉讼法》的规定，向人民法院提起民事诉讼解决争议。医方作为原告的情况比较简单，通常医疗机构是原告；而患方作为原告的，就有几种不同的情形：

（1）因医方的医疗行为而受到伤害的患者本人。根据我国《民事诉讼法》和《民法通则》的规定，只要患者本人处于生存状态，无论其行为能力如何，都具有民事权利能力，可以以自己的名义独立提起诉讼。当然，在欠缺相应的民事行为能力和民事诉讼能力的情况下，应当由其监护人、法定代理人代为诉讼。

（2）患者死亡，由患者的近亲属作为原告提起损害赔偿诉讼。医疗纠纷中，患者死亡的，由患者的近亲属作为原告提起诉讼。民事诉讼中的近亲属包括：患者的配偶，父母，子女，孙子女（外孙子女）、祖父母（外祖父母），兄姐或弟妹。

（3）胎儿受到损害的，胎儿出生后可以以自己的名义提起诉讼。在母亲腹中的胎儿不能作为原告，因为最高人民法院《关于贯彻执行〈中华人民共和国民法通则〉若干问题的意见（试行）》第1条规定，公民的民事权利能力自出生时开始。比如，孕妇患妊高症胎盘早剥，医院剖宫产不及时造成胎死腹中，产妇子宫切除，经鉴定构成医疗事故。产妇可以作为原告起诉医院赔偿她的损失，但胎儿不能当原告，产妇也无权主张胎儿的死亡赔偿金。但因胎儿死亡给孕妇造成的精神损害，产妇可以主张赔偿。胎儿即使出生后又死亡了，也可以以原告身份起诉。但出生时是死体的，不能当原告。

## 19. 非法行医，列谁为被告？

如果个人非法行医，比如江湖游医，以及没有取得《医疗机构执业许可证》开办个人诊所的，当然由个人来赔。如果作为医疗机构的工作人员履行职务构成非法行医，以单位作为被告。如果单位和非法行医的人员是雇佣关系，职工有重大过错，单位和职工承担连带责任，都可以列为被告。

## 20. 外聘医师发生诊疗过错，谁来承担责任？

现在社会上医生“走穴”现象很多。《医师职业资格证》上注明了医生的职业注册地点，如果未经所注册的医院同意，擅自到外院出诊，出了问题医生本人和外院承担连带责任。

但是，合法兼职就不同了。鉴于大医院专家多，但床位有限，人满为患，小医院医疗技术水平相对较低，就诊人数少，床位空闲，医疗专家在不同医院间合理流动，既有利于解决患者看病难问题，又有利于医疗资源的充分利用。2000年中央组织部、人事部、卫生部联合下发了《关于深入卫生事业单位人事制度改革的实施意见》，规定医疗机构可根据工作需要采取专职与兼职相结合的方式，聘用部分兼职技术骨干。所以，合法兼职的医生到外院出诊，是受本院指派履行职务行为，如果发生过失出了问题，要由两家医院按照医方过错承担连带责任。也就是说，患方起诉哪家医院承担责任都行，出诊医生个人不再承担责任。

## 21. 医院门诊部等分支机构出错，在诉讼中应当把谁作为被告？

分支机构一般不是独立法人，不能独立承担民事责任，应当由它的设立单位承担。如果分支机构只有《医疗机构执业许可证》，而没有营业执照，只能找设立单位了。如果分支机构有营业执照，可以把分支机构列为被告，让它独立承担责任，也可以让设立单位和分支机构承担连带责任。

## 22. 患者私下找医生看病，在诉讼中应当把谁作为被告？

实践中，这要视不同的情况来看：

（1）慕名到医生家中求诊的。这种情况要由医生个人承担责任。因为，此时医生的诊疗行为不是履行职务的行为，而属于个人行为。

（2）医生在家里开处方，患方到医院取药服用后发生纠纷的，这种情况要由医院承担责任。虽然医生不是在医院开的处方，但医院按方抓药，是对医生履行职务行为的追认。例如，小张到邻居刘大夫家里看病，刘大夫用门诊部的空白药方开了处方，小张拿着处方到门诊部抓了药，后来又让门诊部补盖了公章。发生纠纷后，医学会认定小张与门诊部存在诊疗关系，门诊部承担20%的过错责任。

（3）节假日没挂号，在医院直接找医生求诊的。表面上看，没挂号似乎没有与医院形成医疗服务关系，但实际情况却不尽然。如果存在表见代理的情形，或医院对医生的医疗行为事后追认的，医院照样应当承担责任。例如，老王腹部长了脂肪肉瘤，经某著名医院的张医生介绍，到该医生所在的医院做手术。周六老王依约到医院，张医生是B超室主任，私自向老王收取了几千元的手术费，称术后再带他补办挂号手续。后发生医疗纠纷，双方就张医生的行为是个人行为还是职务行为发生争执。我们认为，张医生实施手术的行为构成表见代理，应由医院承担责任。所谓“表见代理”，是《合同法》第49条规定的，指代理人没有代理权，但因为被代理人有过错，使得善意相对人有理由相信他有代理权，那么代理行为的后果应由被代理人承担。本案中，张医生作为医院B超室主任，他给老王做手术且承诺手术后补办挂号即相关手续的行为，是在他的职权范围内以医院的名义从事的医疗服务活动，属于职务代理行为，老王及家属有理由相信他有权利从事上述行为。该医院作为著名的三甲级医院，却对本院医务人员疏于管理，医院应当承担手术失误给老王造成的损害后果。

## 23. 科室承包、项目合作的情况下，在诉讼中应当把谁作为被告？

目前，继承医院科室承包、项目合作的情况很多。科室承包，有的包给本单位职工，属于内部承包；有的包给非本单位职工，属于外部承包。内部承包应加强管理，不能一包了之、不闻不问，否则出了问题发包单位要承担责任。外部承包是非法的，给患者造成的损害，应由发包的医疗机构和承包方对外承担连带赔偿责任，对内按照他们之间的合同的约定各自承担责任。

## 24. 提起医疗民事诉讼应当符合哪些条件？

根据我国《民事诉讼法》第 108 条的规定，起诉必须具备四个条件：

（1）原告必须是与本案有直接利害关系的公民、法人和其他组织。医疗纠纷发生后，医患双方均可以作为原告提起诉讼。

（2）有明确的被告。医疗纠纷中，被告应该是与患者发生医患法律关系的医疗机构。不过，在医疗实践中，经常发生患者到多家医院反复就诊的情况，这时，与其在这些机构中作选择，不如将所有涉案的医疗机构作为共同被告一并起诉，至于到底哪家医疗机构要承担责任及应如何承担，经过法院的审理自会见分晓。

（3）有具体的诉讼请求和事实、理由。

诉讼请求是原告要求法院保护其民事权益的内容和范围，它是起诉的实质内容。

案件事实包括两种：一是当事人之间的民事法律关系发生、变更和消灭的事实；二是当事人的民事权益受到侵犯或发生争议的事实。

诉讼理由则是在案件事实基础上支持诉讼请求处理的法律依据。

（4）属于人民法院受理民事诉讼的范围和受诉人民法院管辖。只有归法院主管的案件，法院才能受理，而且，必须是原告向有管辖权的法院提起诉讼，该法院才能成为受诉法院。

当事人就医疗纠纷向法院起诉，也必须同时具备以上四个条件。法院受理医疗纠纷的案由有医疗服务合同违约纠纷和医疗侵权损害赔偿纠纷，患方只能选择其中一个。

## 25. 什么是诉讼时效?

诉讼时效是指权利人能行使权利而不行使，经一定的期间，便丧失请求人民法院依诉讼程序强制义务人履行义务的权利的制度。

一个权利人如果长期不行使权利，经过相当时间后，人们就会习以为常，并且以此为基础发生其他民事法律关系。如果允许权利人很长时间之后再突然行使权利，就会使多年来已经相当稳定的社会关系必须进行调整，造成一定程度的混乱。另外，一个民事关系，经过多年，有关人员会逐渐淡忘当时的相关情景，记忆也会变得模糊，有关证据也会渐渐湮灭，难以找寻。如果当事人又突然就若干年以前的事情提起诉讼，人民法院就很难查清实情，因而也很难作出正确的判决。所以，法律规定，如果权利人不及时行使权利，就失去请求人民法院保护的权利，这样可以促使权利人尽快地行使权利，防止以上不利的情形发生。

## 26. 医疗纠纷当事人应当在什么期间内提起医疗事故赔偿诉讼？

对医疗纠纷的诉讼时效，法律、法规没有作明确的规定，实践中是适用身体受到损害要求赔偿的诉讼时效，按照法律规定应当适用1年的诉讼时效。人身损害赔偿的诉讼时效期间的起算点，伤害明显的，从受伤害之日起算；伤害当时未曾出现，在经检查确诊并能证明是由侵害引起的，从伤势确诊之日起算。诉讼时效期间从权利人知道或者应当知道损害结果发生时计算，知道或者应当知道时距医疗行为已超过20年的法律不予保护。“应当知道”是指按照一个普通人在相同情况下都可以发现自己的权利被侵害，因此推定权利人知道，而不论权利人实际上是否真的已经知道。另外，如果诉讼前进行医疗事故鉴定的，可以自收到鉴定结论之日起计算1年时效；诉讼前进行过书面协商或行政调解的，可以自书面协商或调解不成之日计算1年时效。

超过诉讼时效就意味着原告直接丧失了胜诉权，即使医院存在明显的重大过错，也可以免除医院的赔偿责任。不过，超过诉讼时效患者仍然可以起诉，只是法院经过审查后，发现已经超过诉讼时效，而且没有诉讼时效中止、中断的情形的，将驳回诉讼请求。超过诉讼时效，如果通过与医院协商，医院同意承担赔偿责任的，也是允许的。而且，医院承担了赔偿责任后，不得以已经超过诉讼时效为由要求患者返还。

## 27. 什么是诉讼时效中止和诉讼时效中断？

在诉讼时效期间的最后6个月内，因不可抗力或者其他障碍不能行使请求权的，诉讼时效中止。从中止时效的原因消除之日起，诉讼时效期间继续计算。

诉讼时效因提起诉讼、当事人一方提出要求或者同意履行义务而中断。从中断时起，诉讼时效期间重新计算。

另外，按照法律的规定，还存在着诉讼时效中断的情况。所谓诉讼时效中断，是指在诉讼时效进行中，因为某种法定事由的发生使原来已经经过的时效期间统归无效。待中断时效的事由消除以后，诉讼时效期间重新起算。

依据法律规定，可以使诉讼时效中断的法定事由是指以下情形：

（1）权利人起诉。向法院提起诉讼是权利人主张权利的最有效、最典型的方式，它当然表明权利人是关心自己的权利的。起诉是诉讼时效中断的一个重要原因。从起诉之日起，诉讼时效中断。不仅向法院起诉可以中断诉讼时效的进行，而且与起诉性质类似的请求有关机关保护的行为，也可以中断诉讼时效。比如，在发生医疗纠纷的情况下，患方申请卫生行政部门处理、患方向公安机关或者检察机关报案反映情况，要求追究行为人的刑事责任等。

（2）权利人提出请求。权利人直接向义务人提出请求，要求其履行义务，这在实际生活中，是最常见的引起诉讼时效中断的原因。比如，发生医疗事故后，患者方向医院提出要求医院进行赔偿。

（3）义务人同意履行义务。义务人通过一定的方式向权利人表示同意履行，也可以中断诉讼时效的进行。此种事实能够使得当事人之间的法律关系变得明确，所以法律规定了时效中断的法律后果。如果义务人虽然没有直接表示同意履行，但是明确承认了自己义务的存在，或者表示愿意分期履行义务，都可以发生相同的效力。比如，发生医疗事故后，医院向患者方表示院方会积极做好事故的善后工作，该赔偿的一定会赔偿，具体赔偿的事项可以再商议，希望患者方予以谅解。应当说院方的行为足以产生中断时效的法律后果。需要说明一点是，如果发生医疗事故后，双方当事人的多种行为或者多次行为均可以使诉讼时效发生中断，应当以最后的一次行为的时间为准来计算时效的中断。

应当注意的是，如果自患者知道其权利被侵害之日起超过了1年，又没有诉讼时效中止、中断的情形，那么按照上面所述，患者丧失了请求人民法院保护的权利。但是因为医疗纠纷往往是同时具有侵权和违约性质的民事纠纷，患者是可以在侵权之诉与违约之诉间择一提起诉讼的。合同诉讼，应当适用《民法通则》规定的2年的诉讼时效期间。所以，患者往往还可以以违约为由，向人民法院提起诉讼，以寻求法律保护。

## 28. 医疗纠纷起诉状怎么写？

医疗纠纷案件的起诉状，属于民事案件的起诉状，因此，它的格式要求与一般民事案件的起诉状相同。主要分为五大部分：(1)·首部。在这部分里，要写明标题，即“起诉状”，并写明该案件原告、被告双方当事人的基本情况。(2)诉讼请求。要求对诉讼请求的内容进行简略、具体、明确的阐述。诉讼请求的赔偿数额尽量要恰如其分。(3)事实与理由。这是诉状最关键的部分。首先要写明医疗纠纷发生的整个经过，损害后果，然后简要分析被告的过错及因果关系，并提出诉讼请求的理由及法律依据。(4)证据和证据来源，证人姓名和住址。由于起诉状需要一式两份，其中一份由法院转交给被告方作答辩用。(5)尾部。要写明本起诉状将要递送的法院名称、起诉人姓名、提起诉讼的时间以及附项等内容。

医疗纠纷的起诉状的格式如下：

**起 诉 书**

原告：

名称：____________地址：____________电话：____________

法定代表人：

姓名：________职务：________

委托代理人：

姓名：________性别：________年龄：________

民族：______职务：________工作单位：________

住址：________________电话：________

被告：

名称：________地址：________电话：________

法定代表人：

姓名：________职务：________

诉讼请求：

1. ________________________________

2. ________________________________

事实和理由：

________________________________________

________________________________________

________________________________________

此致

________人民法院

起诉人：________（盖章）

法定代表人：________（签章）

________年____月____日

## 29. 立案时应当提交哪些人的身份证件及哪些证据？

立案时要提交原告的身份证。有诉讼代理人的，还要提交代理人的身份证和委托书；委托律师的，要提交委托书和律师事务所指派函。如果原告是无民事行为能力人或者限制民事行为能力人，不能主张诉权，还要提交法定代理人身份证及法定代理人与原告关系证明（户口本或派出所、居委会、村委会等证明）。

立案时要提交的证据，主要是证明诊疗关系、损害后果及主要赔偿费的证据，比如病历、医院诊断证明、医疗费用的收据等。

## 30. 发生医疗纠纷后，患者想通过诉讼途径解决纠纷时应当向哪个法院递交起诉状？

发生医疗纠纷后，具体应向哪个法院起诉，涉及民事诉讼中的管辖问题。我国法院管辖分为级别管辖和地域管辖两个方面。级别管辖决定当事人应向哪一级人民法院提起诉讼，地域管辖则决定当事人应向哪一个地域的人民法院提起诉讼。

在确定法院的管辖权时，应首先确定级别管辖。根据《民事诉讼法》的相关规定，基层人民法院管辖第一审医疗纠纷民事诉讼案件；中级人民法院管辖在本辖区有重大影响的医疗纠纷民事诉讼案件；高级人民法院管辖在本辖区有重大影响的第一审医疗纠纷民事诉讼案件。上级人民法院有权审理下级人民法院管辖的第一审医疗纠纷民事诉讼案件，也可以把本院管辖的第一审案件交下级人民法院审理。下级人民法院对它所管辖的第一审医疗纠纷民事案件，认为需要由上级人民法院审理的，可以报请上级人民法院审理。不过，通常情况下，医疗纠纷诉讼案件，由医疗机构所在地基层人民法院一审，上诉案件由该基层法院的上级中级人民法院二审。诉讼标的较大的或有其他重大影响的案件，由医疗机构所在地中级人民法院一审，高级人民法院二审。

级别管辖确定后，接下来要确定的是地域管辖。依据我国民事诉讼法的规定，对公民提起的医疗纠纷民事诉讼，由被告住所地人民法院管辖；被告住所地与经常居住地不一致的，由经常居住地人民法院管辖。对法人或者其他组织提起的民事诉讼，由被告住所地人民法院管辖。同一诉讼的几个被告住所地、经常居住地在两个以上人民法院辖区的，各该人民法院都有管辖权。

因医疗侵权行为提起的诉讼，由侵权行为地或者被告住所地人民法院管辖，侵权行为地，包括侵权行为实施地、侵权结果发生地；因医疗合同纠纷提起的诉讼，由被告住所地或者合同履行地人民法院管辖。合同的双方当事人可以在书面合同中协议选择被告住所地、合同履行地、合同签订地、原告住所地、标的物所在地人民法院管辖，但不得违反法律对级别管辖的规定。

## 31. 患方承担什么举证责任？

患方想要医院赔偿，应当承担的举证责任包括：

（1）应当证明他和医院机构存在医疗关系。要证明医疗关系，主要是提供门（急）诊病历，包括病历本、医方影像检查资料等。有时候如果病历本没有保存，就要靠医疗收费票据来证明了。这些病历资料一般在患者一方的手里，如果医院建立了门诊病历档案，应该保存在医院，可以到医院去复印。

（2）应当证明损害后果。这主要还是得依靠病历证明。

（3）应当就其赔偿请求承担举证责任。患方在起诉前，应当到医院检查，向法院提供近期病情资料。如果病情严重，可能构成伤残的，应当向法院申请作司法鉴定，评定伤残等级。

## 32. 医疗纠纷中举证责任倒置是什么意思？

最高人民法院《关于民事诉讼证据的若干规定》第 4 条第 1 款第（八）项规定，因医疗行为引起的侵权诉讼，由医疗机构就医疗行为与损害结果之间不存在因果关系及不存在医疗过错承担举证责任。也就是说，医疗机构必须拿出证据证明自己没有错，否则，就应承担责任。这就是医疗损害赔偿案件中的“举证责任倒置”。

就上述规定最高人民法院民一庭负责人答记者问中明确了以下含义：

（1）患者应承担初步举证责任。患者首先应证明医患关系存在，并因此受到损害。

（2）举证责任是可以转移的。患者对损害赔偿请求权的成立，达到了表现真实的程度，证明责任就向医方转移，由医方反驳，以证明医疗行为与损害后果不存在因果关系及不存在过错，否则要承担不利的诉讼后果。

（3）举证责任转移的依据。按照举证责任分配的实质性标准，应当由距离证据最近或者实际控制证据源的一方当事人承担。

医疗损害赔偿案件中医疗机构应举证证明其不存在医疗过错、医疗行为与损害结果之间不存在因果关系。举证的方法通常是提交病历资料，申请鉴定。

## 33. 发生医疗纠纷后，患者应当注意保存、提供的证据有哪些？

发生医疗纠纷后，原始资料是最有力的证据，患者应当注意保存提供的证据主要包括：

（1）物证。医疗纠纷案件中的物证主要是指医疗工作中的治疗用具，比如注射针头、针管、输液管、输血袋、治疗使用的药品、医疗器械等。这些物证是医疗纠纷中广泛使用的一种证据，具有较强的客观性、稳定性。在患者及其家属同医疗单位对医疗过程中发生的不良后果产生纠纷时，要对医疗现场实物进行收集、保留和查封，不得对这些实物再使用或毁坏。对于一些易发生腐坏的物质如血液制品，必须要采取有效的措施，妥善保管。《医疗事故处理条例》第17条规定：“疑似输液、输血、注射、药物等引起不良后果的，医患双方应当共同对现场实物进行封存和启封，封存的现场实物由医疗机构保管；需要检验的，应当由双方共同指定的、依法具有检验资格的检验机构进行检验；双方无法共同指定时，由卫生行政部门指定。疑似输血引起不良后果，需要对血液进行封存保留的，医疗机构应当通知提供该血液的采供血机构派员到场。”另外，手术切除的组织对于证明术中失误是一个重要的证据。目前，一般情况下，手术过程中或手术后，医生都要把术中切除的组织展示给患者或家属过目。由于所切除的多是病变或受伤的组织，许多患者或家属都不细看，加上多是外行，对究竟是否该切也不清楚，所以，这一程序就是走走过场。实际上，这一组织是医疗纠纷最直接、最重要的证据，患者要想在术中医疗纠纷诉讼中获胜，对此必须加以重视。

（2）病历，是书证。病案是指病人在门诊、急诊、留观室及住院期间全部医疗资料的总称，是关于病人和疾病的诊疗过程中第一手重要的原始记录，是具有法律效力的证实医疗单位诊疗措施是否正确、认定医疗过失的重要证据。其包括下列内容：①住院患者的病程记录、死亡病例讲座记录、疑难病例讨论记录、会诊意见、上级医师查房记录等病历资料原件；②住院患者的住院志、体温单、医嘱单、化验单（检验报告)、医学影像检查资料、特殊检查同意书、手术同意书、手术及麻醉记录单、病理资料、护理记录等病历资料原件；③抢救急危患者，在规定时间内补记的病历资料原件。

（3）尸检报告。其属于鉴定结论的一种。尸检对判明死因具有特殊意义，特别是对于那此死因不明、因疑难疾病致死而发生的医疗纠纷就必须进行尸体解剖，尸检给医学技术鉴定和司法裁决提供直接的证据，达到了最终明确诊断、分清是非的目的。由于尸体的组织细胞会发生自溶和腐败，因此尸检必须在法定的时限内、由具备法定资格的人员实施才能得到可靠的、科学的结论，以充分发挥尸检结果在解决医疗纠纷案件中的证据作用。《医疗事故处理条例》第18条规定：“患者死亡，医患双方当事人不能确定死因或者对死因有异议的，应当在患者死亡后48小时内进行尸检；具备尸体冻存条件的，可以延长至7日。尸检应当经死者近亲属同意并签字。尸检应当由按照国家有关规定取得相应资格的机构和病理解剖专业技术人员进行。承担尸检任务的机构和病理解剖专业技术人员有进行尸检的义务。”

（4）医疗事故鉴定结论。在2000年全国民事审判工作会议上，最高人民法院就医疗纠纷案件的赔偿问题提出了指导性意见，规定了医疗事故鉴定结论只能作为法院审查、认定事实的证据，是否应作为医疗单位承担赔偿的证据，应当经过法庭质证。

（5）可直接引用的证据。根据最高人民法院《关于民事诉讼证据的若干规定》第9条，自然规律及定理；根据法律规定或者已知事实和日常生活经验法则，能推定出的另一事实是可以直接引用的证据。具体在医疗过错侵权诉讼中，符合下列情况的医学文献应可作为定案的证据使用：①国家药典资料及卫生行政部门、中华医学会组织编写的《诊疗常规》或《诊疗规范》等技术规范，应可作为判定医疗行为是否存在技术过错的证据使用。②卫生法律、法规、规章和规范性文件所确立的医疗卫生制度，可作为评定医疗行为是否有责任过错（或违章过错）的证据使用。③医学教材，主要是国家卫生部规划（统编）的本科教材，且其中记载的方法、观点是医学界公认的，而非少数人或个别人的见解，也应作为评定医疗行为是否有过错的证据使用。④我国其他权威的医学文献，如《实用内科学》、《实用外科学》、《实用妇产科学》等所记载的观点和方法，如诉争双方无异议，也应作为判定医疗行为是否有过错的证据使用。除上述医学文献的其他资料，如果当事人不能证明该资料记载的观点、方法为医学界所公认，一般不应作为证据使用。⑤民事诉讼的视听资料、证人证言和勘验笔录，根据案情的需要也可在医疗纠纷案件诉讼中使用。

## 34. 医疗纠纷诉讼中，提交证据有没有时间限制？

不论在什么样的民事诉讼中，证据的提交都有一定的期限，该期间即当事人向人民法院履行提供证据责任的期间，这个期限叫做举证时限。在举证期限内，当事人应当向人民法院提交证据材料，当事人在举证期限内不提交的，视为放弃举证权利。规定举证时限可以防止当事人随时提出证据，或者在庭审中搞突然袭击，造成案件争议无法确定，法院重复开庭，程序动荡不定的后果；还可以调动当事人提交证据的主动性，促使其积极履行举证义务，以利于案件的审理。

对于当事人逾期提交的证据材料，人民法院审理时不组织质证。就是说，如果逾期提交证据材料，哪怕这个证据材料对一方特别有利，法院审理时也不组织质证，这个证据材料就不能作为证据来使用，那么，就有可能使这一方遭受败诉的风险。不过，为体现诉讼契约精神，尊重对方当事人权利，在对方当事人同意的情况下，人民法院仍应组织对该证据的质证。但是，如果对一方有利而对对方有害的证据材料，对方当事人很少会同意对逾期提交的证据材料质证，所以，一定要掌握好举证时限的日期，及时将对自己有利的证据在举证期限内向法院提交。

## 35. 案件起诉到人民法院后，民事诉讼的审理程序大体是如何进行的？

按照《民事诉讼法》的规定，人民法院在收到起诉状后，程序上应当按照如下程序进行：

（1）审查起诉。经审查符合起诉条件的，应当在 7 日内立案，并通知当事人；认为不符合起诉条件的，应当在 7 日内裁定不予受理；原告对裁定不服的，可以提起上诉。

（2）审理前的准备。包括将诉状副本发送被告，被告在 15

日内提出答辩状；法院向当事人告之有关诉讼权利义务；合议庭组成后3日内告之当事人；审判人员必须认真审核诉讼材料，调查取证等。

(3）开庭审理。医疗人身伤害赔偿案件属于应当公开审理的案件，应当在开庭3日前通知当事人和其他诉讼参与人，公告当事人姓名、案由和开庭时间、地点。

(4）举证。医疗人身伤害属于“因医疗行为引起的侵权诉讼”，依据最高人民法院《关于民事诉讼证据的若干规定》，法庭调查时应当在当事人陈述后，“由医疗机构就医疗行为与损害后果之间不存在因果关系及不存在医疗过错承担举证责任”。当事人可以在举证期限（由人民法院指定的期限，不得少于30日）内提交符合有关规定的证据，必要时可以申请证据保全；如果当事人及其诉讼代理人不能自行收集证据时，可以申请人民法院调查收集证据。

(5）质证。依据最高人民法院《关于民事诉讼证据的若干规定》第47条：“证据应当在法庭上出示，由当事人质证。未经质证的证据，不能作为认定案件事实的依据。”第59条：“鉴定人应当出庭接受当事人质询。”对技术鉴定结论的质证，应该针对鉴定的真实性、关联性、合法性等问题进行质询、说明与辩驳。而且按照第61条规定，当事人可以向人民法院申请1—2名具有专门知识的人员出庭就案件的专门性问题进行说明、对质和对鉴定人进行询问。只有经过质证，能够证明鉴定人具有合法的资格与资历；技术鉴定的程序合法；鉴定结论所依据的事实不虚假、全面而完全符合客观实际；分析说明符合科学、法律法规，有充足的理论根据。同时在开庭质证时，法官应当站在中立的立场上给予当事双方完全同等的诉讼权利，认真听取双方对鉴定及其鉴定人的质询，以帮助自己对鉴定结论形成正确的判断意见。

(6）证据的审核认定。按照上述规定第64条，“审判人员应当依据法定程序，全面、客观地审核证据，依据法律的规定，遵循法官职业道德，运用逻辑推理和日常生活经验，对证据有无证明力和证明力大小独立进行判断，并公开判断的理由和结果”。对人民法院委托鉴定部门作出的鉴定结论或者一方当事人提出的证据（如技术鉴定结论），另一方当事人认可或者提出的相反证据不足以反驳的，人民法院可以确认其证明力。

（7）判决的作出。法院审判人员依据庭审结果，询问当事人是否愿意调解，并依据调解结果作出调解书，如果双方当事人不同意调解，则依据审核认定的证据情况合理合法地作出判决，并送达当事人。

## 36. 诉讼过程中当事人如何申请鉴定？

在诉讼过程中，当事人如果需要申请鉴定，应当在举证期限内提出；经人民法院同意后，由当事双方协商确定有鉴定资格的鉴定机构、鉴定人；协商不成的，由人民法院指出。按照最高人民法院《关于审理人身损害赔偿案件适用法律若干问题的解释》的规定，人民法院在民事审判中，根据当事人的申请或者依职权决定进行医疗事故司法鉴定的，交由条例所规定的医学组织鉴定。因医疗事故以外的原因引起的其他医疗赔偿纠纷需要进行司法鉴定的，按照《人民法院对外委托司法鉴定管理规定》组织鉴定；当事人对鉴定结论有异议申请重新鉴定又符合有关规定的，人民法院应当允许；审判人员应当对鉴定人出具的鉴定书进行审查。

根据上述规定的精神，申请鉴定和委托鉴定有三种情况：（1）根据当事人的申请或司法机关依职权决定进行医疗事故司法鉴定的，应交由《医疗事故处理条例》所规定的医学会组织鉴定；（2）因医疗事故以外的原因引起的其他医疗赔偿纠纷需要进行司法鉴定的，按照《人民法院对外委托司法鉴定管理规定》组织鉴定；（3）当事人对鉴定结论有异议申请重新鉴定又符合有关规定的，人民法院应当允许。其中，第（1）种情况，一是当事人申请医疗事故鉴定，表现为当事人以“医疗事故损害赔偿”为案由提出诉讼，或者受理的司法机关依职权决定作医疗事故技术鉴定；第（2）种情况可以理解为当事人不以医疗事故损害赔偿为案由，而仅以医疗损害赔偿为案由起诉医疗机构，此时则不能强制要求必须作由医学会组织的医疗事故技术鉴定；第（3）种情况显然指的是当事人对鉴定结论（无论是医学会组织的医疗事故技术鉴定结论，还是其他鉴定机构的鉴定结论）有异议时，依法申请重新鉴定人，人民法院应当允许。至于委托哪个地方的哪家鉴定机构，或者哪种鉴定形式（医学会组织的医疗事故技术鉴定或者法医学司法鉴定），则应当尊重当事人的意见。如果双方当事人意见一致，不会出现困难。如果双方当事人意见分歧，法院调解不能形成一致意见时，则应由人民法院的司法技术处室按照《人民法院对外委托司法鉴定管理规定》决定委托鉴定的机构和鉴定人。

应该特别指出的是，实际执行技术鉴定时，由于患方对医学会组织的医疗事故技术鉴定结论多有微词而常不服，同时医学会或者参加鉴定的医学专家不能按照最高人民法院《关于民事诉讼证据的若干规定》出庭接受当事人对鉴定结论的质证，使得对其鉴定结论的采用存在法律上的困难，因此，这种鉴定不能算真正意义上的司法鉴定，因而患方多会转而申请或者直接要求进行医疗人身损害赔偿的法医学司法鉴定。这时，人民法院应该按照上述最高人民法院规定的第（3）种情况，依法对当事人的合法要求给予支持，并提供方便，不应借故横加阻拦。应依照《人民法院对外委托司法鉴定管理规定》，通过人民法院司法技术鉴定部门委托有司法技术鉴定资格的机构进行法医学司法技术鉴定。

## 37. 民事诉讼一般能在多长时间内审结?

立案时如果按照简易程序受理，法院应当在3个月内审结，由1位法官独任审理。

但是，医疗损害赔偿案件一般比较复杂，审理难度较大，超过3个月还没有审结，就要转为普通程序了。从立案那天起算，应当在6个月内审结，由3人组成的合议庭审理。

如果有特殊情况，6个月还不能审结，需要延长的，由本院院长批准，可以延长6个月；还需要延长的，需要报请上级人民法院批准。

需要说明的是，公告期间、鉴定期间、审理当事人提出的管辖权异议，以及处理人民法院之间的管辖争议期间，都不计算在上述的审理期间之内。

## 38. 什么是“两审终审”?

根据《民事诉讼法》我国实行“两审终审”。即一个案件，一审判决了，各方当事人领到判决书之日起15日内都不上诉，一审判决就生效，各方必须履行。拒不执行的话，当事人可以申请法院强制执行。如果一方当事人在15日内上诉了，一审判决就不生效，由上一级法院重新审理，进入二审程序。如果对一审裁定不服的，包括不予受理、驳回起诉和管辖权异议的裁定，可以在10日内上诉。

进入二审后，法院组成3人合议庭重新审理，一般在3个月内审结。如果发现一审确实有错误，或者上诉请求明显没有道理的，二审法院可以直接改判或维持原判。有的案件一审认定事实不清，或者违反法定程序，二审可能裁定发回重审，再重新进行一次一审程序，不服判决的，还可以上诉。

## 39. 当事人不服一审判决应当怎么办?

依据我国《民事诉讼法》的规定，当事人不服地方人民法院第一审判决，有权在判决书送达之日起15日内向上一级人民法院提起上诉。上诉状应当通过原审人民法院提出或者直接向第二审人民法院提出。第二审人民法院应当对上诉请求的有关事实和适用法律进行审查，组成合议庭开庭审理，进行调解或终审判决，上诉阶段，当事人要求重新进行技术鉴定的，按照最高人民法院《关于审理人身损害赔偿案件适用法律若干问题的解释》的规定，法院应当准许，并提供方便。

## 40. 什么是再审？如何启动再审？

二审裁判是终局的，一经作出，立刻生效。但是如果二审有错误，或者一审有错误但生效了，还可以通过审判监督程序来予以纠正，这就是“再审”。虽然走这个程序很难，但法律毕竟为纠正错误判决提供了一线希望。

当事人如果不服已生效的一审或二审裁判，可以向作出生效裁判的法院的上一级法院申请再审，或者提请检察院抗诉。启动抗诉程序是非常不容易的。

除了当事人申请再审，检察院可以依职权提起抗诉，各级人民法院院长对本院已经发生法律效力的判决、裁定，发现确有错误，认为需要再审的，应当提交审判委员会讨论决定。最高人民法院对地方各级人民法院已经发生法律效力的判决、裁定，上级人民法院对下级人民法院已经发生法律效力的判决、裁定，发现确有错误的，有权提审或者指令下级人民法院再审。

当事人申请再审，应当在判决、裁定发生法律效力后2年内提出。但下面这两种情况，即使超过2年，也可以申请再审：(1) 如果生效裁决是依据其他法律文件作出的，而其他法律文件被撤销或变更了；（2）发现审判人员在审理案件时有贪污受贿、徇私舞弊、枉法裁判行为的。出现上述这两种情况，当事人自知道或应当知道之日起3个月内可提出再审申请。

## 41. 符合哪些条件，法院应当再审？如何进行再审？

首先，根据《民事诉讼法》第179条的规定，当事人的申请符合下列十五种情形之一的，人民法院应当再审：

（1）有新的证据，足以推翻原判决、裁定的；

（2）原判决、裁定认定的基本事实缺乏证据证明的；

（3）原判决、裁定认定事实的主要证据是伪造的；

（4）原判决、裁定认定事实的主要证据未经质证的；

（5）对审理案件需要的证据，当事人因客观原因不能自行收集，书面申请人民法院调查收集，人民法院未调查收集的；

（6）原判决、裁定适用法律确有错误的；

（7）违反法律规定，管辖错误的；

（8）审判组织的组成不合法或者依法应当回避的审判人员没有回避的；

（9）无诉讼行为能力人未经法定代理人代为诉讼或者应当参加诉讼的当事人，因不能归责于本人或者其诉讼代理人的事由，未参加诉讼的；

（10）违反法律规定，剥夺当事人辩论权利的；

（11）未经传票传唤，缺席判决的；

（12）原判决、裁定遗漏或者超出诉讼请求的；

（13）据以作出原判决、裁定的法律文书被撤销或者变更的；

（14）对违反法定程序可能影响案件正确判决、裁定的；

（15）审判人员在审理该案件时有贪污受贿，徇私舞弊，枉法裁判行为的。

根据《民事诉讼法》第 185 条的规定，再审案件启动再审程序后，裁定中止原判决的执行。裁定由院长署名，加盖人民法院印章。

其次，当事人对已经生效的调解书，提出证据证明调解违反自愿原则或者调解协议的内容违反法律的，可以申请再审。经人民法院审查属实的，应当再审。

法院应当自收到再审申请之日起 3 个月内审查，决定是否再审。有特殊情况需要延长的，由本院院长批准。

经当事人申请再审的案件，由中级以上人民法院审理。最高人民法院、高级人民法院裁定再审的案件，由本院再审或交其他人民法院再审，也可以交原审人民法院再审。

如果生效裁判是一审法院作出的，按照第一审程序再审，所作出的判决、裁定可以上诉。如果生效裁判是二审法院作出的，按照二审程序再审，判决、裁定一经作出立即生效。上级法院提审的，按照第二审程序再审，判决、裁定一经作出立即生效。

再审应当另行组成合议庭。

## 42. 在法庭上扰乱秩序会受到制裁吗?

这是对妨害民事诉讼行为采取的强制措施。民事诉讼中的强制措施，是指人民法院在民事诉讼的全过程中，为保证审判活动的正常进行，对有妨害民事诉讼程序的行为人，采取强制手段，以排除妨害的保障措施。强制措施不是诉讼程序，也不是民事诉讼程序固有的一种制度，而是为了保证审判活动正常进行的保障措施。它能够制止妨害民事诉讼的行为，排除正常进行诉讼活动的障碍，保证人民法院审判工作的顺利进行，教育诉讼参加人正确地行使诉讼权利，自觉地履行诉讼义务。

采取这种措施，不仅需要以行为人故意妨害民事诉讼的行为作为前提条件，而且只能由人民法院依职权进行。也就是说，采取强制措施，不是基于当事人和其他诉讼参加人的申请，而是人民法院的职务行为。它对妨害民事诉讼的行为人来说，既具有对其违法行为人进行处罚的性质，也包括了对违法行为进行强制性的教育，是通过对妨害民事诉讼行为人的处罚，教育其遵守诉讼程序，履行法定义务，认识和改正妨害诉讼的错误，并保证不再实施妨害诉讼的行为。

## 43. 民事诉讼中的强制措施与刑事诉讼中的强制措施有什么区别？

民事诉讼中的强制措施与刑事诉讼中的强制措施，虽然都是诉讼法的保障措施，是诉讼法的一个重要组成部分，但两者有着较大的区别：

（1）两者适用的对象不同。刑事诉讼中的强制措施，只能适用于刑事诉讼中的被告人、现行犯或重大犯罪嫌疑人；而民事诉讼中的强制措施，则不只是限于民事诉讼中的被告，对于原告、第三人、证人以及其他诉讼参与人、甚至包括案外人，只要他们实施了妨害民事诉讼的行为，都适用对妨害民事诉讼的强制措施。

（2）两者适用的主体不同。刑事诉讼中的强制措施，由公安机关、人民检察院、人民法院实施，适用的主体比较广。而民事诉讼中的强制措施，则只能由人民法院采取，其他任何机关都不得适用。

（3）两者适用的目的不同。刑事诉讼中的强制措施，是公、检、法三机关根据案件情况所采取的预防性措施，其目的是为了防止被告人、现行犯或者重大犯罪嫌疑人逃匿、自杀和继续危害社会等案件的发生，是一种预防性的措施。而民事诉讼中的强制措施，则是对已经实施了的妨害民事诉讼的行为而采取的，不是预防性的措施，而是排除妨害的措施。

（4）两者措施的种类不同。刑事诉讼中的强制措施有拘传、逮捕、拘留、取保候审、监视居住等强制方法。民事诉讼中的强制措施则有拘传、罚款、拘留、训诫、责令退出法庭、责令履行协助义务。此外，还可以向监察机关或者有关机关提出予以纪律处分的司法建议。

## 44. 妨害民事诉讼的行为主要有哪些？

对妨害民事诉讼的行为人采取相应的强制措施，排除妨害是非常必要的，其有利于保障人民法院的审判人员正常执行职务，行使好审判权；有利于保障当事人及其他诉讼参与人充分行使诉讼权利，从而教育公民自觉地遵守法律，维护诉讼秩序。妨害民事诉讼的行为人，往往是由于法制观念淡薄，有的人是不懂法，有的人则是藐视法律，明知故犯。妨害民事诉讼的行为主要有：

（1）无正当理由拒不到庭。它是指必须到庭的被告，经两次传票传唤，没有正当理由拒不到庭。必须到庭的被告是指那些不到庭就无法查清事实的被告，但必须经过两次合法传唤，用口头方式通知传唤，不能算合法传唤。

（2）违反法庭规则，严重扰乱法庭秩序。是指人民法院在开始审理案件时，诉讼参与人和其他人不遵守或者违反法庭规则，甚至哄闹、冲击法庭，侮辱、诽谤、殴打、威胁审判人员等严重扰乱法庭秩序的行为。

（3）伪造、毁灭重要证据，妨碍人民法院审理案件。伪造证据是指行为人故意制造虚假证据，歪曲案件事实真相，包括伪造书证、物证、视听资料，以及提供虚假的鉴定结论和勘验笔录。毁灭证据是指行为人把能够证明案件事实的证据予以毁灭和破坏。

（4）以暴力、威胁、贿买方法阻止证人作证或者指使、贿买、胁迫他人作伪证。这是对证人作证所实施的两个方面妨害民事诉讼行为的表现，一是采取非法的手段，阻挠和制止知道案件情况的人出来作证；二是通过非法的方法，让证人或者他人提供虚假证言。

（5）隐藏、转移、变卖、毁损已被查封、扣押的财产，或者已被清点并责令其保管的财产，转移冻结的财产。如果只有隐藏、转移、变卖、损毁的行为，而财产并非已经采取了保全措施，则不适用这一规定。

（6）对司法工作人员、诉讼参加人、证人、翻译人员、鉴定人、勘验人、协助执行的人，进行侮辱、诽谤、诬陷、殴打或者打击报复。但如果行为人的动机和目的显然与民事诉讼无关，或者其行为不是针对上述在民事诉讼中有特定身份的人实施的，则不能认定为妨害民事诉讼的行为和适用这一规定进行处罚。

（7）以暴力、威胁或者其他方法阻碍司法工作人员执行职务。这种行为是直接施加于执行职务的司法人员的，所以这种行为的特点是：行为人采取了暴力、威胁或者其他非法手段，其行为直接指向司法人员，阻碍了司法人员执行职务。

（8）拒不履行人民法院已经发生法律效力的判决、裁定。这种行为是不履行判决、裁定的当事人实施的。根据最高人民法院的司法解释，当事人在法律文书发生法律效力后隐藏、转移、变卖、毁损财产，造成人民法院无法执行，或以暴力、威胁及其他方法妨碍、抗拒人民法院执行，或有履行能力而拒不执行发生法律效力的法律文书的，以妨害民事诉讼行为论处。

（9）有义务协助调查和执行的法人或者其他组织妨害调查和执行。人民法院根据案件需要进行查询、冻结或划拨存款时，有关银行、信用社和其他储蓄业务的单位，应按照人民法院的执行通知书所提出的要求予以协助。需要有关单位协助扣留被执行人的收入，办理有关财产权证照的转移手续，转移有关票证、证照或者其他财产时，有关单位在接到人民法院的协助通知书后，应当积极协助，不得拒绝。否则就构成妨害民事诉讼的行为。

（10）非法拘禁他人或者非法私自扣押他人财产追索债务。

## 45. 法院对妨害民事诉讼的行为人可以采取哪些强制措施？

妨害民事诉讼的行为人采取强制措施，排除妨害，是人民法院为了保证民事诉讼顺利进行，依职权采取的。人民法院根据行为人妨害民事诉讼行为的性质、情节和危害后果，适用严厉程度不同的强制方法，主要有以下七种：

（1）拘传。指对于必须到庭的被告，人民法院派出司法警察强制其到庭参加诉讼，是一种传讯被告出庭的特殊的措施。拘传的对象是必须到庭的被告，拘传不适用于原告，拘传还必须经两次传票传唤无正当理由拒不到庭。

（2）训诫。对妨害民事诉讼情节轻微的行为人，人民法院可以口头方式提出批评、警告，提出其行为的违法性，并责令其认识和改正错误，不许重犯。

（3）责令具结悔过。人民法院对实施情节比较轻微、危害不大的妨害民事诉讼的行为人，责令其写出悔过书，承认和改正错误，保证不再实施妨害行为。

（4）责令退出法庭。这是针对那些违反法庭规则，扰乱法庭秩序，情节轻微，并经审判人员批评警告不听制止的行为人而采取的令其离开法院的强制措施。被责令退出法庭的人，不仅仅是当事人，还包括诉讼代理人、诉讼参与人和其他人。

（5）责令履行协助义务。这是对有义务协助调查、执行的单位，在其拒绝协助时采取的措施。这种做法之所以归属于强制措施，是因为如果有关单位再拒绝协助，就要加重处罚。

（6）罚款。指人民法院对妨害民事诉讼情节比较严重的行为人，责令其缴纳一定现金的强制措施。罚款金额的多少，不仅要根据行为人行为的危害程度、危害后果来决定，而且对公民和单位还要有所区别。对妨害民事诉讼的个人或单位进行罚款应经院长批准，并制作罚款决定书，送达被罚款人。被罚款人对罚款决定不服时，可以在接到决定书的当日，用口头或者书面方式，向上一级人民法院申请复议一次。复议期间，不停止决定的执行。上级人民法院收到复议申请后，应在5日内作出决定，并将复议结果通知下级人民法院和当事人。如果上级人民法院经复议认为下级人民法院采取罚款的措施不当，包括不应当罚款，或者罚款数额不当时，都应当制作决定书，撤销或者变更下级人民法院的罚款决定。情况紧急的，还可以先行口头通知，3日内再补发决定书。被罚款人不按期缴纳罚款的，人民法院应当强制执行。

（7）拘留。是对严重妨害民事诉讼的人所采取的最严厉的一种强制措施，它是在一定期间内限制行为人的人身自由，制止其妨害行为的继续。人民法院对妨害民事诉讼的行为人，需要采取拘留强制措施的，须经院长批准，并作出拘留决定书，由司法警察将被拘留人送交当地公安机关看管。被拘留人不在本辖区的，作出拘留决定的人民法院应派员到被拘留人所在地的人民法院，请该法院协助执行。受委托的人民法院应及时派员协助执行。被拘留人申请复议或在拘留期间改正错误，需要提前解除拘留的，受委托的人民法院应向委托人民法院转达或提出建议，由委托人民法院审查决定，受委托的人民法院不得自行提前解除拘留，更不得自行撤销、变更拘留决定。被拘留人不服拘留决定的，可以用口头或者书面方式，向上一级人民法院申请复议一次，程序与罚款基本一致。拘留与罚款可以并用。

## 46. 送达诉讼文书的方式有哪些？

送达是指人民法院依法定方式，把诉讼文书交给当事人、其他诉讼参与人和有关单位或个人的一种诉讼行为。送达的特点有：

(1) 送达的主体是人民法院。(2) 送达的对象是当事人、其他诉讼参与人。(3) 送达的内容是法律文书和其他诉讼文书，如判决书、裁定书、调解书、决定书、起诉状副本、答辩状、传票、通知书等。

送达的方式有以下几种：

(1) 直接送达。指由人民法院指派专人把诉讼文书直接交给受送达人。一般直接送达受送达人，受送达人是公民的，本人不在时交他同住的成年家属签收；受送达人是法人或者其他组织的，应当由法人的法定代表人、其他组织的主要负责人或者该法人组织的办公室、收发室、值班室等负责收件的人签收或者盖章；有诉讼代理人的，可以送交其诉讼代理人签收；受送达人已向人民法院指定代收人的，送交代收人签收。

(2) 留置送达。指受送达人拒绝收受诉讼文书的情况下，将诉讼文书留于受送达人的住所的送达方式。留置送达必须是受送达人或者同住成年家属拒收诉讼文书；此外，还要邀请有关基层组织的代表或者所在单位的代表到场，说明情况，并在送达回证上证明拒收事由和日期；送达人、见证人还应签名、盖章，见证人拒签的，由送达人在送达回证上证明情况，留置送达。

(3) 委托送达。指受诉人民法院把应当送给受送达人的诉讼文书，委托有关人员或者有关单位代为交给受送达人。直接送达有困难的，可以委托当地人民法院代为送达；受送达人是军人的，人民法院应通过其所在部队团以上单位的政治机关转交本人；受送达人是被监禁人的，人民法院应通过监所和劳改单位转交给本人；受送达人是被劳动教养人的，人民法院应通过劳教单位转交给本人。

(4) 邮寄送达。指人民法院通过邮局把诉讼文书用挂号寄给受送达人。这种方式一般在直接送达有困难时采用。邮寄送达以挂号回执上注明的收件日期为送达的日期。

(5) 公告送达。指人民法院以张贴公告、登报等办法，通告受送达人在规定的期间和指定的地点，受领应送达文书的送达方式。公告送达一般在受送达人下落不明，或以其他方法无法送达的情况下适用。

## 47. 医疗纠纷中患方如何聘请律师？

一是要看律师事务所的实力，通常情况下，有实力的律师事务所一般在比较大的写字楼办公。

二是要查看律师的执业证，或者在全国律管数据平台核实律师身份。

三是要查验律师的医学背景，如医师执业证，医疗职称证书等。

四是要了解律师处理医疗专业案件的阅历与业绩。

五是通过与律师深入讨论案件的具体细节，仔细听取律师对案件的具体意见，看律师是否具有独特的经验，对案件是否具有精辟的见解。

## 五、非法行医与医疗犯罪的刑事责任

### 1. 什么是非法行医?

所谓非法行医是与合法行医相对的一个概念。非法行医是一个比较宽泛的概念，在分别追究行为人的民事、行政、刑事责任时，对非法行医的界定各有不同。一般意义上的非法行医是指违反《医疗事故处理条例》等医疗卫生法律法规，具有一定的社会危害性，主观上具有一定过错的医疗行为。

### 2. 超出注册诊疗范围的治疗行为属于非法行医吗?

超出注册诊疗范围的治疗行为属于非法行医。合法医疗行为的一个重要条件就是医疗机构要取得执业许可证。医疗机构在许可诊疗范围内开展医疗活动是受到法律保护的，但如果超出了许可范围进行诊疗活动就是非法行医了。

### 3. 已取得《医师资格证书》但非本人原因未获得《医师执业证书》的人在受聘机构执业是否属于非法行医?

不属于非法行医。2007 年 6 月 7 日卫生部《关于非法行医有关问题的批复》明确规定：已取得《医师资格证书》，并具备申请执业医师注册条件的医师，非本人原因导致未获得《医师执业证书》前，在其受聘的医疗预防保健机构和工作时间内的执业活动不属于非法行医。

## 4. 药店的坐堂医生是不是非法行医？

为了多卖药，许多药店聘请了一些医生坐堂开药。这些医生中有的有执业资格，有的是无证行医。无证行医的人的行为属于非法行医。对于有执业资格的医生坐堂行医的行为，如果其行医地点（药店）不是医疗机构、不具备医疗条件，无论其是否经所在单位同意，都是非法行医。

## 5. 医生在家看病是不是非法行医？

医生虽然具备执业资格，但没有获得医疗卫生部门的批准或所在医院的允许就在家行医的行为，属于非法行医。但这种情况要与家庭病房区别开来。家庭病房是许多医院为了照顾特殊患者而开展的一种服务业务，医生到患者家里去治疗。医生具有执业资格，且是受医院委派去的，其行为当然属于合法行医。

## 6. 实习医师从事医疗活动，是不是非法行医？

依照我国《职业医师法》和相关司法解释的规定，医师必须经国家统一考试取得《医师资格证书》，然后需要依法注册取得某一专业的《医师执业证书》，并且在法定注册的执业地点、类别、执业范围内执业。若从事特定专业医疗活动还须持有特定专业的执业资格证书，比如《计划生育手术上岗证》等。

但是，对于高等学校医学专业本科毕业生，按照《执业医师法》的规定，毕业后应当在执业医师指导下在医疗单位试用一年，才能参加国家统一考试取得执业医师资格。对于这些未取得医师资格的实习医生，可以在执业医师指导下进行临床实习，但不得单独从事临床活动。如果他们独立从事临床活动，算不算非法行医，应当视具体情况而定：

（1）此类人员在医疗机构安排下独立从事临床工作，造成患者人身损害的，不属非法行医，应当按照《医疗事故处理条例》的规定承担相应的行政责任和民事责任。

（2）如果此类人员未经医疗机构安排，违反规定擅自在医疗机构独立从事临床工作，则属于医疗事故，触犯了刑法，构成非法行医罪，应依法追究刑事责任。

## 7. 非法行医有哪些表现形式？

根据我国《医疗机构管理条例》第44条至第48条的规定，医疗机构非法行医行为的客观表现为：（1）逾期不校验《医疗机构执业许可证》仍从事诊疗活动的；（2）出卖、转让、出借《医疗机构执业许可证》的；（3）未取得《医疗机构执业许可证》擅自执业的；（4）诊疗活动超出登记范围的；（5）使用非卫生技术人员从事医疗卫生技术工作的。

依据《执业医师法》第39条的规定，自然人作为非法行医的主体，其客观表现为：（1）未经批准擅自开办医疗机构行医；（2）非医师行医。

## 8. 美容院做美容手术是不是非法行医？

如果美容院没有取得医疗卫生部门的批准，没有取得《医疗机构执业许可证》，即使美容院具备一定的医疗设备仪器，进行美容手术的是有相关职业资格的医生，也是禁止的，属于非法行医行为。如果手术者不具备执业资格，就更是非法行医了。

如果美容院的美容治疗项目得到了医疗卫生部门的批准，相关的手术治疗者也是具有执业资格的医生，那么其美容治疗行为就是合法的。

## 9. 非法行医造成患者损害是否属于医疗事故？

答案是不属于。《医疗事故处理条例》明确规定，非法行医造成患者人身损害，不属于医疗事故；触犯刑律的，依法追究刑事责任；有关赔偿，由受害人直接向人民法院提起诉讼。

## 10. 非法行医应当承担什么行政责任？

非法行医要承担责任，行政责任就是其中的一种。国务院《医疗机构管理条例》第 24 条明确规定：任何单位或者个人，未取得《医疗机构职业许可证》，不得开展诊疗活动。第 44 条规定，未取得《医疗机构职业许可证》而擅自执业的，由县级以上人民政府卫生行政部门责令其停止执业活动，没收非法所得和药品、器械，并可以根据情节处以 1 万元以下的罚款。此外，卫生部发布的有关行政规章也规定了取缔、打击非法行医的财产处罚方法。

## 11. 非法行医应当承担什么民事责任？

由于非法行医的主体不符合医疗纠纷的特征要求，由此造成的病人人身损害事件，不属于医疗纠纷，更不能构成医疗事故。就民事责任而言，不能依照《医疗事故处理条例》承担赔偿责任，而应当适用《民法通则》和最高人民法院《关于审理人身损害赔偿案件适用法律若干问题的解释》关于人身侵权损害赔偿的有关规定承担赔偿责任。

## 12. 非法行医应当承担什么刑事责任？

由于非法行医与医疗纠纷的性质不同，承担刑事责任的范围和条件也有很大的差别。从主观方面来讲，非法行医者对于发生的伤害结果应该预见，因轻信能够避免，以致发生了伤害结果，非法行医者对伤害结果的发生不是持希望或放任的态度。根据非法行医给病人造成的损害程度不同，行为人应当承担过失致人重伤罪和过失致人死亡罪的刑事责任。过失致人重伤罪要求致人伤害的程度必须达到重伤。过失致人轻伤的，因对社会危害不大，不构成此罪。如构成非法行医罪，则依据《刑法》第336条的规定定罪处罚。

## 13. 医疗犯罪有哪些？

目前，依据我国《刑法》的规定，其中涉及的医疗犯罪包括：刑法第333条非法组织卖血罪、强迫卖血罪，第334条非法采集、供应血液、制作、供应血液制品罪和采集、供应血液、制作供应制品事故罪，第335条医疗事故罪，第336条非法行医罪、非法进行节育手术罪等。

## 14. 什么是非法行医罪？

我国《刑法》第336条对非法行医罪作了明确的规定：未取得医生执业资格的人非法行医，情节严重的，处3年以下有期徒刑、拘役或者管制，并处或者单处罚金；严重损害就诊人身体健康的，处3年以上10年以下有期徒刑，并处罚金；造成就诊人死亡的，处10年以上有期徒刑，并处罚金。

本条规定的“未取得医生执业资格的人非法行医”是指：(1) 未取得或者以非法手段取得医师资格从事医疗活动的；(2) 个人未取得《医疗机构执业许可证》开办医疗机构的；(3) 被依法吊销医师执业证书期间从事医疗活动的；(4) 未取得乡村医生执业证书，从事乡村医疗活动的；(5) 家庭接生员实施家庭接生以外的医疗活动的。

本条规定的所谓“情节严重”是指：(1) 造成就诊人轻度残疾、器官组织损伤导致一般功能障碍，或者中度以上残疾、器官组织损伤导致严重功能障碍，或者死亡的；(2) 造成甲类传染病传播、流行或者有传播、流行危险的；(3) 使用假药、劣药或不符合国家规定标准的卫生材料、医疗器械，足以严重危害人体健康的；（4）非法行医被卫生行政部门行政处罚两次以后，再次非法行医的；（5）其他情节严重的情形。

本条规定的“严重损害就诊人身体健康”是指：（1）造成就诊人中度以上残疾、器官组织损伤导致严重功能障碍的；（2）造成3名以上就诊人轻度残疾、器官组织损伤导致一般功能障碍的。这里所谓的“轻度残疾、器官组织损伤导致一般功能障碍”、“中度以上残疾、器官组织损伤导致严重功能障碍”，参照卫生部《医疗事故分级标准（试行）》认定。

实施非法行医犯罪，同时构成生产、销售假药罪，生产、销售劣药罪，诈骗罪等其他犯罪的，依照刑法处罚较重的规定定罪处罚。

## 15. “外包科室”从事医疗活动造成医疗纠纷的应当由谁来承担责任？

实践中，不少医院把自己的房屋、设备出租给非医院的工作人员，该人员便在医院内挂牌行医。有些在该医院内还挂上自己的招牌行医；有些则可能就是为了让患者误以为他是医院的医务人员，从而使患者到他处就诊，这就是通常所说的医院“外包科室”的问题。一旦发生不良后果，造成患者身体伤害或死亡的，患者应当由谁来承担赔偿责任呢？这需要根据具体情况进行判断。

第一种情况：甲医疗机构将其房屋、设备租用给乙医疗机构，在甲医疗机构与乙医疗机构之间就形成了租赁法律关系。如果乙医疗机构公开挂出自己的招牌对外进行医疗活动，不至于引起患者的任何误解，那么乙医疗机构的诊疗活动和其在原地址诊疗没有什么区别，租赁法律关系对医患法律关系形成不了任何影响，乙医疗机构应当对自己的诊疗活动负责。

第二种情况：医疗机构将其闲置的房屋、设备租用给他人进行诊疗活动，承租人以医疗机构的名义进行诊疗活动的。承包方不但使用医疗机构的房屋或场地，而且给患者开具的发票也是医疗机构的正规财务票据。在此种情况下，患者是很难分辨的。这些科室发生医疗纠纷后，不管是医疗服务合同纠纷还是侵权纠纷，承担民事责任的主体都只能是出租科室的医疗机构。这是因为患者挂号、开药、交费等一系列医疗活动均是同出租或者外包科室的医疗机构之间所形成的。不管外包或出租科室如何与医疗机构签订合同，在法律上只能认定医疗机构为承担责任的主体。发生医疗纠纷之后，医疗机构不能凭借所签订的合同或者协议而推卸其应当承担的责任。

## 16. 什么是医疗事故罪？构成本罪需要符合哪些具体条件？

我国《刑法》第335条规定“医务人员由于严重不负责任，造成就诊人死亡或者严重损害就诊人身体健康的，处三年以下有期徒刑或者拘役”。该条款对医疗事故犯罪的罪名、罪状、量刑等作了明确的规定。

医疗事故犯罪应当符合以下几个构成要件：

（1）犯罪的主体是特定人群，即必须是执行职务的医务人员。所谓医务人员，是指经过医学、医药院校教育，或者各级卫生机构培训后取得上岗资格证书，从事医疗实际工作的人员。

（2）在主观上是一种过失犯罪。

（3）医疗事故罪在客观上表现为，医务人员在合法的诊疗护理工作的过程中，违反规章制度和诊疗护理操作常规，严重不负责任，造成就诊人死亡或者严重损害就诊人身体健康的行为。此罪中的“严重不负责任”，一般是指：①擅离职守的；②无正当理由拒绝对危急就诊人实行必要的医疗救治的；③未经批准擅自开展试验性治疗的；④严重违反查对、复核制度的；⑤使用未经批准使用的药品、消毒药剂、医疗器械的；⑥严重违反国家法律法规及有明确规定的诊疗技术规范、常规的；⑦其他严重不负责任的情形。“严重损害就诊人身体健康”，是指造成就诊人严重残疾、重伤、感染艾滋病、病毒性肝炎等难以治愈的疾病或者其他严重损害就诊人身体健康的后果。如果因医务人员技术水平不高、缺乏经验造成损害后果，或者医疗机构的过错对损害结果起次要作用，都不构成医疗事故罪。

（4）医疗事故犯罪一方面侵犯了公民的生命健康权，给患者的生命带来了不良的影响，造成非法侵害；另一方面，也给医院的正常医务活动、管理活动以及国家对公众健康的正常保护管理活动造成了侵害。

## 17. 触犯医疗事故罪可能被判处多少年刑罚？

我国《刑法》第335条对医疗事故罪规定的处罚是“3年以下有期徒刑或者拘役”，有期徒刑是剥夺犯罪分子一定期限的人身自由并实行强制劳动改造的刑罚方法，是刑罚体系中的主刑之一（我国刑罚中的主刑包括死刑、无期徒刑、有期徒刑、拘役、管制五种；与主刑相对应的是附加刑，包括剥夺政治权利、罚金、没收财产三种）。有期徒刑是适用最广泛的刑罚。我国《刑法》规定，有期徒刑的最低刑期是6个月，最高刑期是15年。因此，对医疗事故罪判处有期徒刑的量刑幅度是6个月到3年，即对某一医疗事故行为人判处刑罚时，从轻不得少于6个月；从重不得多于3年。拘役是短期剥夺犯罪分子人身自由并就近实行劳动改造的刑罚方法。拘役的期限是1个月以上6个月以下，其上限正好是有期徒刑的下限，保证了不同刑种之间的衔接。

## 18. 非法行医罪与医疗事故罪有哪些区别？

非法行医罪与医疗事故罪都是与医疗相关的刑法罪名，都发生在医疗过程中，但前者只能说是发生在非法行医过程中，后者是发生在合法的医疗过程中。从犯罪构成上二者之间的主要区别是：

(1) 犯罪客体不同。非法行医罪侵犯的是复杂客体，即医疗卫生系统的管理秩序和病人的身体健康、生命安全；医疗事故罪侵犯的也是复杂客体，即医疗单位正常的管理活动和病人的身体健康、生命安全。

(2) 客观方面不同。非法行医罪的客观方面表现为，违反国家有关医疗管理的法律、法规的规定，非法行医，情节严重的行为，只能是作为；医疗事故罪，则表现为医务人员在合法的医疗活动中，违反规章制度，严重不负责任，并且造成病人死亡或者严重损害病人身体健康的行为，可以是作为，也可是不作为。

(3) 犯罪主体不同。非法行医罪是特殊主体，即未取得医生执业资格的人员；医疗事故罪也是特殊主体，即从事合法医疗活动的合法医务人员。

(4) 主观方面不同。非法行医罪只能出于故意；医疗事故罪只能出于过失。

## 19. 什么是非法组织卖血罪、强迫卖血罪？

随着医学科学技术的发展，血液及其制品在医疗、防疫领域的使用越来越广泛。近几年，一些不法分子与血站、医疗单位相互勾结，大量地非法组织他人卖血，甚至强迫他人卖血。我国新《刑法》将这种行为规定为犯罪。《刑法》第 333 条规定：非法组织他人出卖血液的，处 5 年以下有期徒刑，并处罚金；以暴力、威胁方法强迫他人出卖血液的，处 5 年以上 10 年以下有期徒刑，并处罚金。有前款行为，对他人造成伤害的，依照本法第 234 条的规定定罪处罚。

## 20. 什么是非法进行节育手术罪?

《刑法》第336条第2款规定，未取得医生执业资格的人擅自为他人进行节育复通手术、假节育手术、终止妊娠手术或者摘取宫内节育器，情节严重的，处3年以下有期徒刑、拘役或者管制，并处或者单处罚金；严重损害就诊人身体健康的，处3年以上10年以下有期徒刑，并处罚金；造成就诊人死亡的，处10年以上有期徒刑，并处罚金。

非法进行节育手术罪必须具备以下几个要件：

(1) 客观方面表现为行为人擅自实施了为他人进行计划生育手术的行为。这里的“计划生育手术”，是指节育复通手术、假节育手术、终止妊娠手术以及摘取子宫内的节育器等手术。构成本罪必须具备“情节严重”的要件。这里的“情节严重”主要指：①造成就诊人轻伤、重伤、死亡或者感染艾滋病、病毒性肝炎等难以治愈的疾病的；②非法进行节育复通手术、假节育手术、终止妊娠手术或者摘取宫内节育器5人次以上的；③致使他人超计划生育的；④非法进行选择性别的终止妊娠手术的；⑤非法获利累计5000元以上的；⑥其他情节严重的情形。

(2) 主观方面是故意。即行为人明知自己无权为他人实施计划生育手术，但为了牟取不法利益或者其他目的为他人实施这种行为。

(3) 本罪的主体是一般主体，但必须是未取得医生职业资格的人。

## 21. 利用医疗行为故意伤害他人的行为应当如何定罪处罚?

利用医疗行为故意伤害他人的行为不应当以医疗事故罪定罪，而应当依照我国《刑法》第234条的规定，以故意杀人罪定罪处罚。《刑法》第234条规定：故意伤害他人身体的，处3年以下有期徒刑、拘役或者管制。犯前款罪，致人重伤的，处3年以上10年以下有期徒刑；致人死亡或者以特别残忍手段致人重伤造成严重残疾的，处10年以上有期徒刑、无期徒刑或者死刑。两罪相比较而言，医疗事故罪的刑罚明显要比故意杀人罪的刑罚轻了许多，这是与两种行为的社会危害性相对应的。

## 22. 个体医生用自制药给病人治病，应定性为生产销售假药罪还是医疗事故罪?

被告人孟某，系个体医生，具有行医资格和执业许可证，在河南省某本村开设一卫生室。1995—1997年，孟某在开封医专学习期间，从一副教授处得到一张治疗腰、腿疼等风湿病的民间验方，用于临床有一定疗效。孟某在以后的行医过程中，未经国家卫生行政部门批准，按该验方配制成胶囊，让患者服用，未出现不良反应。2004年6月7日，本村村民刘某、王某因腰、腿疼先后到孟某处治疗，孟某便给二人开具了自己配制的胶囊，二人服用后自述有效，孟某遂加大了剂量，二人服用后均中毒。孟某闻讯后，采取了相应的抢救措施。王某经抢救脱险，刘某经抢救无效死亡。经鉴定，刘某生前患有高血压、冠心病，因服用含有超标准乌头碱的胶囊后中毒，未能及时抢救而死亡。案发后，孟某投案自首，并与被害人一方达成赔偿协议。

对于本案的定性，有两种意见。

一种意见认为，应定生产、销售假药罪。理由是：（1）孟某利用验方配制药品，未经国家卫生行政部门批准，根据《药品管理法》的规定，其配制的胶囊应视为假药，不论其是否认识到是假药，都不能改变假药的性质。因此，孟某不认为是假药，实属其本人对法律的理解错误，不影响生产、销售假药罪的成立；（2）孟某以牟利为目的，生产、销售假药，造成他人死亡的严重后果，理应构成生产、销售假药罪。

另一种意见认为，应定医疗事故罪。理由如下：

生产、销售假药罪是指生产、销售假药，足以危害人身健康的行为；医疗事故罪是指医务人员严重不负责任，造成就诊人死亡或严重损害就诊人人身健康的行为。二者的主要区别在于：（1）主观方面不同。生产、销售假药罪是故意犯罪，而医疗事故罪是过失犯罪，这一点正是两罪的本质区别。孟某从一副教授处获得验方，曾用于临床实验，没有造成不良后果，其轻信能够医好患者，且在造成患者中毒后采取积极抢救措施，而不是放任死伤结果的发生。因此，孟某在主观上是过于自信的过失而不是故意。（2）侵犯的客体不同。生产、销售假药罪侵犯的是双重客体，既危害人身健康，又破坏社会主义市场经济秩序。本案中，孟某配制的药品只是在医疗中用于特定的患者，并未进入市场流通领域，孟的行为侵犯的是医疗规章制度，而不是公平竞争、公平交易的社会主义市场经济秩序。（3）客观方面不同。孟某根据他人传授的验方，配制少量药品，用于就诊中的患者，而不是向社会公开出售，该行为不是刑法意义上的生产行为，虽然其在医疗过程中开出药品收取了一定的费用，这只是医疗行为的一部分，其开出的药品是用于医疗本身，而不是单纯销售的商业行为，显然，孟某没有生产、销售假药的行为。（4）主体不同。生产、销售假药罪的犯罪主体是一般主体，对行为人的身份没有特别要求；医疗事故罪的犯罪主体是特殊主体，必须是医务人员才能构成。孟某具有行医资格，属医务人员，符合医疗事故罪的主体。孟某身为医务人员，未经国家卫生行政部门批准，私自配制药品用于医疗，违反医疗规章制度，并造成患者死亡的严重后果，其行为符合医疗事故罪的构成要件，故本案应定医疗事故罪。

编者同意第二种意见。

## 23. “安乐死”是怎么回事？我国如何看待“安乐死”？

所谓安乐死，是指患有当今医学水平难以医治疾病的患者，在疾病所致的极端痛苦的精神与肉体折磨下，自我作出终结医疗、结束自己生命的决定。安乐死是否构成犯罪，国内外的争论非常激烈。

在我国立法和司法实践中，安乐死的合法性还没有得到肯定。对其一般还以故意杀人罪定性。对故意杀人罪的处罚，我国《刑法》第232条规定：“故意杀人的，处死刑、无期徒刑或者10年以上有期徒刑；情节较轻的，处3年以上10年以下有期徒刑。”

# 附录：相关法律依据索引

1. 医疗机构管理条例（1994年2月26日国务院发布，自1994年9月1日起施行）

2. 医疗机构管理条例实施细则（1994年8月29日卫生部发布，自1994年9月1日起施行）

3. 中华人民共和国执业医师法（1998年6月26日第九届全国人民代表大会常务委员会第三次会议通过，自1999年5月1日起施行）

4. 最高人民法院关于审理人身损害赔偿案件适用法律若干问题的解释（2003年12月4日最高人民法院审判委员会第1299次会议通过，自2004年5月1日起施行）

5. 医疗事故分级标准（试行）（2002年7月19日经卫生部部务会讨论通过，自2002年9月1日起施行）

6. 医疗事故处理条例（2002年2月20日国务院第55次常务会议通过，自2002年9月1日施行）

7. 计划生育技术服务管理条例（2001年6月13日国务院发布，自2001年10月1日起施行）

8. 最高人民法院关于民事诉讼证据的若干规定（2001年12月6日最高人民法院审判委员会第1201次会议通过，自2002年4月1日施行）

9. 最高人民法院关于确定民事侵权精神损害赔偿责任若干问题的解释（2001年2月26日最高人民法院审判委员会第1161次会议通过，自2001年3月10日施行）

10. 最高人民法院关于参照医疗事故处理条例审理医疗纠纷

民事案件的通知（最高人民法院 2003 年 1 月 6 日发布施行）

11. 中华人民共和国民法通则（1986 年 4 月 12 日第六届全国人民代表大会第四次会议通过，自 1987 年 1 月 1 日施行）

12. 中华人民共和国民事诉讼法（1991 年 4 月 9 日第七届全国人民代表大会第四次会议通过，根据 2007 年 10 月 28 日中华人民共和国第十届全国人民代表大会常务委员会第三十次会议《全国人民代表大会常务委员会关于修改〈中华人民共和国民事诉讼法〉的决定》修正，自 2008 年 4 月 1 日起施行）

13. 中华人民共和国刑法（1979 年 7 月 1 日第五届全国人民代表大会第二次会议通过，1997 年 3 月 14 日第八届全国人民代表大会第五次会议修订，1999 年 12 月 25 日第九届全国人民代表大会常务委员会第十三次会议通过《中华人民共和国刑法修正案》；2001 年 8 月 31 日第九届全国人民代表大会常务委员会第二十三次会议通过《中华人民共和国修正案（二）》；2001 年 12 月 29 日第九届全国人民代表大会常务委员会第二十五次会议通过《中华人民共和国刑法修正案（三）》；2002 年 12 月 28 日第九届全国人民代表大会常务委员会第三十一次会议通过《中华人民共和国刑法修正案（四）》；2005 年 2 月 28 日第十届全国人民代表大会常务委员会第十四次会议通过《中华人民共和国刑法修正案（五）》；2006 年 6 月 29 日第十届全国人民代表大会常务委员会第二十二次会议通过《中华人民共和国刑法修正案（六）》；2009 年 2 月 28 日第十一届全国人民代表大会常务委员会第七次会议通过《中华人民共和国刑法修正案（七）》；2011 年 2 月 25 日第十一届全国人民代表大会常务委员会第十九次会议通过《中华人民共和国刑法修正案（八）》，该修正案自 2011 年 5 月 1 日起施行）

14. 最高人民法院关于审理非法行医刑事案件具体应用法律若干问题的解释（2008 年 4 月 28 日最高人民法院审判委员会第 1446 次会议通过，自 2008 年 5 月 9 日起施行）